国际劳动与雇佣管制研究丛书

本书受国家社科基金重大项目“‘一带一路’国家劳动与雇佣管制研究”
（项目批准号17ZDA041）资助

全球化下贸易与经济合作中的劳动与雇佣管制研究

Study on Labor and Employment Regulations in Trade and Economic Cooperation under the Globalization Tendency

高文书 等 著

东北财经大学出版社
Dongbei University of Finance & Economics Press
大连

图书在版编目（CIP）数据

全球化下贸易与经济合作中的劳动与雇佣管制研究 / 高文书等著. —大连：东北财经大学出版社，2024.10. —（国际劳动与雇佣管制研究丛书）. —ISBN 978-7-5654-5429-5

Ⅰ. F249.26

中国国家版本馆CIP数据核字第2024632L2F号

东北财经大学出版社出版发行

大连市黑石礁尖山街217号　邮政编码　116025

网　　址：http://www.dufep.cn

读者信箱：dufep@dufe.edu.cn

大连图腾彩色印刷有限公司印刷

幅面尺寸：170mm×240mm　字数：179千字　印张：15.25　插页：1

2024年10月第1版　2024年10月第1次印刷

责任编辑：石真珍　孙晓梅　责任校对：刘贤恩

封面设计：张智波　版式设计：原　皓

定价：79.00元

教学支持　售后服务　联系电话：（0411）84710309

如有印装质量问题，请联系营销部：（0411）84710711

总　序

20世纪后半叶以来的新一轮经济全球化大潮在全世界范围内深刻形塑了过去半个多世纪的国际政治经济历史进程，也使主要国家和全世界绝大多数公民共享了丰硕的发展果实。这一全球趋势同我国改革开放40多年以来的发展历程大致重叠，将我国深刻卷入了全球经济贸易体系，促进了我国的改革开放和经济发展，而我国也在这一历史进程中为全世界的发展贡献了重要的价值与力量。

2013年，习近平总书记面向新时期、新问题，高屋建瓴地提出了共建"一带一路"倡议，旨在加强我国与世界人民的融通与合作，共建共享发展果实，同时促进新时期我国自身经济高质量发展的转型。10余年来，"一带一路"从构想到现实，从蓝图到落地，我国始终坚持共商、共建、共享的原则，以高标准、可持续、惠民生为目标，积极促进与150余个共建"一带一路"国家的全方位、多领域互联互通，并在探索中不断完善全球治理体系、优化全球治理规则，积极构建人类命运共同体，取得了举世瞩目的成就。

"一带一路"蓝图的全面铺就，使得越来越多"走出去"的企业和管理者开始关心超越国界的劳工政策、产业关系制度，以及劳动力市场状况。随着跨国企业在共建“一带一路”国家的贸易活动与雇佣规模不断扩大，因其对所在国的劳动与雇佣管制体系不了解、不熟悉，海外劳动争议事件时有发生，这不仅妨碍了劳动者权益的保护与企业正常经营活动的开展，也不利于我国与共建“一带一路”国家友好合作的深化。对于劳动者而言，熟悉所在地的劳动与雇佣管制体系，有利于明确权责，从而在权益受损时更高效地维护自身利益。尤其对于选择跨国就业的劳动者来说，更好地了解东道国的劳动与雇佣管制体系可以有效增强其生存与适应能力。

劳动条件和用工规则如何在其他国家乃至全球治理层面被决定和实施？这已经成为许多中资跨国企业在对外投资和经贸合作中的重要参考要素之一，也是劳动和雇佣关系研究亟待回答的问题。于国家而言，保障劳动者权益是实现高质量、可持续发展目标的前提条件，也是我国推动建设开放型世界经济、主动对照高标准经贸规则深入推进高水平贸易与合作的必备知识。深入研究共建“一带一路”国家的劳动与雇佣管制体系，可以为完善全球劳动治理体系提供中国智慧与中国方案，以创新思路破解发展难题。遗憾的是，在中国劳动研究领域，学者们过去将主要的精力放在研究中国国内的劳动与雇佣关系的制度和管理实践上，而对于国外乃至全球层面劳动与雇佣管制的研究并不系统并且往往是现象描述式的。

因应学术研究与劳资政各主体的实际需要，在国家社会科学基金重大项目的支持下，课题组集合了一批来自中国人民大学和中国社会科学院相关领域的优秀学者，针对共建“一带一路”国家的劳动与雇佣管制体系进行了系统性研究，并在课题研究成果的基础上编纂出版了《国际劳动与雇佣管制研究丛书》。

本丛书共计六册，其逻辑体系构成如下：在第一册《劳动与雇佣管制中的利益相关者：理论与实践》中，我们从“主体-互动过程-制度产出”这一劳动关系研究的经典理论视角出发，提出并详细阐释了一个基于利益相关者视角的产业关系治理体系分析框架，用于更好地在国际和跨国情境下分析和解释劳动与雇佣管制制度的特征与形成机制，为本丛书奠定了理论基础。第二册《工会发展与劳动雇佣管制比较研究》以产业关系系统的核心参与主体之一工会为例，从国际比较产业关系的视角出发，全面介绍了工会的发展脉络、国别差异、劳动力市场效应以及当前所面临的挑战。第三册《中国企业海外投资的劳动与雇佣管制研究》聚焦对外直接投资这一各利益主体的关键互动场域，分析跨国企业在对外直接投资过程中所面临的劳动与雇佣管制问题，并结合国际指数与具体案例分析评估共建“一带一路”国家的劳动关系治理状况。第四册《全球化下贸易与经济合作中的劳动与雇佣管制研究》关注另一个关键互动场域——国际贸易与经济合作过程，详细分析了中国与共建“一带一路”国家的国际贸易与经济合作发展水平，以及相关国家劳动雇佣制度的具体内容与特征，并深入剖析典型国家案例。第五册《亚洲新兴经济体的劳动雇佣管制研究——以印度为例》与第六册《利益相关者视角下欧洲新兴经济体劳动与雇佣管制研究——以中东欧部分国家为例》则重点关注劳动与雇佣管制体系的制度产出，分别使用印度与中东欧国家的具体案例，阐释了各利益相关主体的互动如何塑造具体的劳动与雇佣管制实践，并对国别产业关系做出了系统梳理和比较研究。

在丛书出版之际，我们感谢国家社会科学基金的资助与大力支持，也向所有为本丛书付出努力的作者与研究团队成员、所有受访者、编辑、审稿人和关注本丛书的所有读者致以诚挚谢意！我们希望本丛书可以作为中资企业“出海”的必读书。其中对于不同国家制度情境的介绍、劳动与雇佣管制模式的总结，以及具体的劳动政策和规则体系的梳理，将促进中资企业尽早了解并融入东道国的劳动与雇佣管制体系，在国际社会中勇于承担企业社会责任，从而树立和展现中国资本的良好形象和担当。我们也期待，通过学者们在劳动与雇佣管制研究领域的持续探索，学界未来会有更多丰硕成果为共建“一带一路”倡议的继续推进提供强有力的理论支撑与实践指导，促进各国的共同发展与繁荣，共同迎接共建“一带一路”倡议的下一个辉煌十年。未来，课题组还将与更多同行开展合作，深入观察和研究更多共建“一带一路”国家的劳动与雇佣管制体系，继续出版覆盖不同国家的国别研究。本丛书只是一个开始，而不是一个句号！

是为序。

杨伟国

2024年6月于时雨园

前　言

推动经济全球化、建立开放型世界经济新格局，是世界人民的共同选择，也是人类历史发展的必然。2013年习近平总书记提出建设“丝绸之路经济带”和“21世纪海上丝绸之路”的合作倡议，以促进共同发展为合作导向，致力于在国际合作中促进开放、包容、普惠与平衡，并由此实现共赢。这对于塑造新型全球化的发展图景具有重要意义。从全球来看，新兴市场和发展中国家超过150个，人口规模超过全球总人口的80%，是共建“一带一路”的主要合作伙伴和受益对象，也逐渐成为经济全球化的重要推动者。2013年以来，我国与五大洲的150多个国家、30多个国际组织签署了200多份共建“一带一路”合作文件，涵盖互联互通、投资、贸易、金融等各个领域。

当前，百年未有之大变局背景下经济全球化正在加速重构，作为新时代的经济全球化之路，共建“一带一路”肩负着引领和推动新型全球化发展的重要使命，也符合绝大多数国家的共同利益。共建“一带一路”是新型全球化的重大实践，也是“逆全球化”背景下推动新型全球化的主要力量。基于此，本书从“一带一路”视角出发，研究贸易与经济合作中的劳动与雇佣管制，以期为新的全球化模式背景下贸易与经济合作中的劳动与雇佣管制研究做出新的学术贡献。

自共建“一带一路”倡议提出以来，我国与共建“一带一路”国家的贸易与经济合作不断增加，但由于各国的制度安排与文化习俗不同，我国在劳动与雇佣管制方面面临诸多问题。本书细致刻画了中国与共建“一带一路”国家在国际贸易和经济合作方面的发展，系统梳理了共建“一带一路”国家劳动与雇佣制度的条款和内容，深入剖析了典型国家的具体案例，提出了如何应对劳动与雇佣约束以促进中国对外贸易和经济合作进一步发展的建议。共建“一带一路”国家的劳动与雇佣管制制度一般由两部分组成，即国际标准和国内劳动相关法律。本书从劳动关系的确立与终止、工作时间及休息休假、最低工资、外籍劳工、劳动者权利、社会保险与福利、职业安全与卫生等七个方面，系统梳理了各个国家的劳动与雇佣管制基本规定，并比较分析了其异同。通过分析中国与共建“一带一路”国家在贸易与经济合作中的困境和需求，本书建议，通过加强劳工标准国际合作、充分了解工会要求、有效衔接劳动政策以积极应对劳动与雇佣管制风险；通过推动中国对外劳务合作转型升级并扩展其广度深度、发挥传统优势、完善人力资源外派体系以积极发展对外劳务合作；通过深化政产学研融合、优化人才培养结构、发挥留学生和本土人才作用、平衡人才地区分布以大力引进并培养国际化人才。

本书共有七章。第一章绪论，对本书的研究背景、意义、内容、思路和方法进行简单介绍。第二章系统梳理中国与共建“一带一路”国家经贸合作的进展，分析“一带一路”建设中面临的问题和原因。第三章从六个方面对劳动与雇佣管制的国际一般准则和各国的具体规则进行归纳对比，并进一步测度各国的国际劳工标准水平。第四章从劳动与雇佣管制与国际贸易的代表性协定出发，了解国际贸易中劳工条款的国际标准。第五章探讨中国对外承包工程和劳务合作对共建“一带一路”国家就业的影响，并介绍共建“一带一路”国家对劳动与雇佣管制的相关规定以及劳动力市场的供求状况。第六章以国别和具体的企业投资案例为划分单位，分别对中国与塞尔维亚、马来西亚、阿尔及利亚的劳务合作与雇佣管制情况进行回顾与比较分析，并提出相关的政策建议。第七章针对前述章节分析的共建“一带一路”国家国际贸易与经济合作中的劳动与雇佣管制现状和面临的问题，提出相应对策，并进行未来研究展望。

本书是国家社科基金重大项目“‘一带一路’国家劳动与雇佣管制研究”（项目批准号17ZDA041）的子课题二“‘一带一路’下中国对外贸易与经济合作的劳动与雇佣管制约束研究”的成果，由中国社会科学院大学相关专业领域的学者撰写。本书从“一带一路”视角出发，围绕全球化下贸易与经济合作中的劳动与雇佣管制研究这一主题展开，具体分工如下：第一章由高文书撰稿；第二章由杨鑫尚、蒙奕铭撰稿；第三章由刘乃毓、徐洁、高文书撰稿；第四章由王基光、高文书撰稿；第五章由李英福、万诗婕撰稿；第六章由蔚金霞、李英福、徐洁撰稿；第七章由王微微、高文书撰稿；全书由高文书统筹和统稿。各位作者本着科学严谨的态度共同推动全球化下贸易与经济合作中的劳动与雇佣管制相关研究的进一步发展，东北财经大学出版社也对本书的出版给予了大力支持，使本书得以如期付梓，在此一并表示衷心的感谢！

高文书

2024年8月于良乡

目　录

第一章

绪论

以新航路开通和地理大发现为经济全球化标志的15世纪末以来，500多年间经济全球化大体经历了15世纪至19世纪的地理大发现时期、20世纪上半叶的工业化时期和20世纪中叶以来的信息化时期三个历史阶段。本轮经济全球化肇始于第二次世界大战结束后，在20世纪90年代进入高峰，并从2008年国际金融危机开始步入重构阶段，“逆全球化”思潮不断涌现。近几年来，受俄乌冲突、发达国家宏观经济政策外溢效应等多重因素影响，许多发展中国家的经济遭遇严峻挑战，全球发展失衡加剧，经济全球化面临严峻挑战，进入加速重构期。

长久以来，一些发展中国家和欠发达国家成为经济全球化大潮中“被遗忘的角落”。国际社会越来越认识到，必须变革传统的全球经济治理模式，确立一种公平、普惠的全球性发展新理念。两千多年前，我们的先辈怀着友好交往的朴素愿望，穿越草原沙漠，开辟出联通亚欧非的陆上丝绸之路，开辟了人类文明史上的大交流时代。一千多年前，我们的先辈扬帆远航，穿越惊涛骇浪，闯荡出连接东西方的海上丝绸之路，开启了人类文明交融新时期。古丝绸之路绵亘万里，延续千年，不仅是一条通商易货之路，也是一条文明交流之路，为人类社会的发展进步做出了重大贡献。20世纪80年代以来，联合国和一些国家先后提出欧亚大陆桥设想、丝绸之路复兴计划等，反映了各国人民沟通对话、交流合作的共同愿望。

2013年9月和10月，中国国家主席习近平分别在哈萨克斯坦和印度尼西亚提出建设丝绸之路经济带、共同建设“21世纪海上丝绸之路”的倡议。此后，“一带一路”倡议逐步从理念转化为行动，从愿景转变为现实，使得“一带一路”建设逐步取得丰硕成果。2017年10月，党的十九大将推进“一带一路”建设等内容写进党章，表明了中国高度重视“一带一路”建设、坚定推进“一带一路”国际合作的决心和信心。自“一带一路”倡议提出以来，在我国与共建“一带一路”国家的共同努力下，共建“一带一路”从中国倡议走向国际实践，从理念转化为行动，从愿景转变为现实，从谋篇布局的“大写意”到精耕细作的“工笔画”，取得了实打实、沉甸甸的成就，成为深受欢迎的国际公共产品和国际合作平台。

当前，全球新兴市场和发展中国家超过150个，人口规模超过全球总人口的80%，是共建“一带一路”的主要合作伙伴和受益对象，也逐渐成为经济全球化的重要推动者。2013—2022年的十年间，“一带一路”共拉动近万亿美元投资规模，形成了3 000多个合作项目，为共建“一带一路”国家创造了42万个工作岗位，让将近4 000万人摆脱了贫困。①

相关统计数据显示，截至2021年底，中国在外各类劳务人员59.23万人，已累计派出各类劳务人员1 062.6万人次，劳务合作遍及全球180多个国家和地区。其中，2021年向共建“一带一路”国家和地区外派各类劳务人员13.1万人，占当年外派劳务人员总量的40.7%。②同时，中国已经将9个位于中西部的省区市和5个位于东部的省区市纳入14个“一带一路”规划中，14个省区市将从基建、财政、就业等方面给予支持，区域合作也将为当地经济、文化等各方面的发展注入活力。“一带一路”建设的实施，将极大地扩展我国对外贸易和劳务合作的广度和深度，推动我国对外经济贸易持续健康发展。“一带一路”建设说明，经济全球化已经发展到一个新的阶段，面对加速演进的百年大变局，推动新一轮经济全球化良性发展，符合世界绝大多数国家的共同利益。

① 依盖拉斯．构建人类命运共同体的重要实践平台［EB/OL］．［2023-07-25］．https：//www.yidaiyilu.gov.cn/p/0OUK2VPN.html.

② 中国对外承包工程商会劳务合作部.2021年我国对外劳务合作行业发展述评［J］．国际工程与劳务，2022（7）：68-71.

第一节　研究背景与意义

一、研究背景

随着“一带一路”倡议的持续推进，我国在经济和劳务方面与共建“一带一路”国家的合作逐渐深入，表现为投资总额与用工人数持续上升①。从对外劳务合作的视角看，“一带一路”倡议有助于中国完成从人口大国到人力资源大国的转变，实现人力资源的有效利用，提升劳动力的质量，延续中国的人口红利。开展对外劳务合作是我国实施“走出去”战略的重要组成部分，也是缓解我国日益增大的就业压力的有效渠道。根据商务部发布的统计数据，2022年，中国企业在共建“一带一路”国家非金融类直接投资1 410.5亿元人民币，较上年增长7.7%（折合209.7亿美元，增长3.3%）；占同期总额的17.9%，与上年同期持平；主要投向新加坡、印度尼西亚、马来西亚、泰国、越南、巴基斯坦、阿拉伯联合酋长国、柬埔寨、塞尔维亚和孟加拉国等国家。以上数据显示，依托“一带一路”建设，中资企业在共建国家投资规模日益扩大，投资项目需要雇佣大量当地劳工或输出本地劳动者，跨境劳工流动比以往更加频繁。面对与共建国家不同的法律环境，中资企业如果没有事先了解共建国家雇佣领域所涉及的法律法规以及政策，就很容易在跨境用工过程中出现侵犯劳工合法权益、违反共建国家对外籍员工入境工作规定、违法裁员等法律风险。一旦出现用工法律风险，企业除面临罚款、赔偿、诉讼等处罚外，严重的还可能导致生产经营停滞、声誉受损，不利于中资企业在

① 根据商务部公布的数据，2022年，我国企业共向境外派出各类劳务人员25.9万人，相较2021年同期减少6.4万人。此前我国每年对外劳务合作派出各类劳务人员约50万人，年末在外各类劳务人员约100万人。

当地长期稳定开展业务。

劳动与雇佣管制制度由国际标准和国内劳动相关法律两个部分组成。其中，国际标准由国际劳工组织颁布的公约以及非强制的全球跨国企业通用的社会责任标准（SA8000）组成，国内劳动相关法律由各国的劳动法和其他相关法律组成。由于共建“一带一路”国家关于外来劳工的制度安排与文化习俗不同，我国在劳动与雇佣管制方面面临诸多问题，主要集中于：第一，共建“一带一路”国家与中国劳动雇佣制度存在显著差异，主要体现在用工理念、劳工保障理念和对外籍劳工限制标准等几个方面。中国在“一带一路”建设过程中很容易将中国劳动用工经验直接运用于海外雇佣，如果不遵守当地对劳工权益的保护规定，极易引发劳资纠纷。第二，共建“一带一路”国家与中国的文化环境存在显著差异。共建“一带一路”国家几乎汇集了全世界所有的宗教和文明类型，中国在推进“一带一路”建设过程中应当尊重当地民俗与宗教信仰。第三，共建“一带一路”国家与中国的工会组织存在显著差异。工会代表所有员工的合法权益，与企业管理层就劳动强度、薪酬福利和雇佣情况等进行商谈，最大程度保护员工的权益。然而，共建“一带一路”国家因不同的国情、社会制度和经济发展水平，对工会的规定也各不相同，中国在推进“一带一路”建设时应充分评估工会对劳动雇佣的影响。

二、研究意义

“一带一路”倡议提出以来，中国同共建“一带一路”国家的经贸合作蓬勃发展。随着国际贸易保护主义抬头，我国对外贸易与劳务合作也出现了放缓趋势。根据商务部公布的数据，2022年，我国对外全行业直接投资9 853.7亿元人民币（折合1 465亿美元），较上年增长5.2%。如前所述，我国企业在共建“一带一路”国家非金融类直接投资1 410.5亿元人民币，较上年增长7.7%（折合209.7亿美元，增长3.3%），占同期总额的17.9%，共建“一带一路”国家是我国对外贸易的重要伙伴。在对外承包工程方面，我国企业在共建“一带一路”国家新签对外承包工程项目合同5 514份，新签合同额8 718.4亿元人民币（折合1 296.2亿美元），占同期我国对外承包工程新签合同额的51.2%；完成营业额5 713.1亿元人民币，占同期总额的54.8%。在劳务合作方面，2022年，我国企业共向境外派出各类劳务人员25.9万人，较上年同期减少6.4万人。其中，承包工程项下派出8万人，劳务合作项下派出17.9万人。年末在外各类劳务人员54.3万人。

如前所述，劳动与雇佣管制制度包括国际标准和国内劳动相关法律两个组成部分，又可细分为政治环境、经济环境、技术环境和国际环境四个方面。劳动和雇佣关系的制度安排对经济发展与社会安定有着直接、重要的影响。当前国际劳务市场加快转型，第三国劳务新模式悄然兴起，而我国对外劳务的发展仍然停留在低端劳动密集型阶段，这成为新时期中国全球战略推进的不利因素。“一带一路”倡议的实施为我国企业“走出去”创造了难得的历史机遇。在这样的战略背景下，随着我国对外交流步伐的加快，全面了解国外劳动与雇佣法律体系将为我国企业“走出去”提供强有力的支撑。共建“一带一路”国家的劳动法律制度和雇佣关系同中国有显著差别，以劳动合同订立为例，不同国家的严格程度不同。例如在越南，劳动合同应以书面形式订立，一般使用劳动与社会荣军部的标准格式，但工作时间未到3个月的临时工除外。而在柬埔寨，根据《柬埔寨劳动法》，雇主与雇员之间的劳动关系除了可以签订书面合同外，还可以通过口头合同来管理。其他如工资、福利、工时、工会、劳工保护、安全健康、劳动合同终止等劳动关系的重要问题均需进一步分析和厘清，使我国企业更好地理解共建“一带一路”国家的历史和文化现实，更好地推进“一带一路”建设。

第二节 国际贸易与经济合作中的劳动与雇佣管制研究现状

国际贸易中的劳动与雇佣管制主要体现在一些国家同其他国家签署贸易协定时添加有关劳工标准的条款上，若是签署国一方违反这些条款，则会受到贸易制裁。国际上公认的劳工标准是国际劳工组织《关于工作中基本原则和权利宣言及其后续措施》确定的10个公约和5项基本权利。国际劳工组织制定劳工标准的初衷是切实保护劳动者的个人权益，现如今逐渐演变为一种国际贸易保护的手段。这些劳工条款往往会损害发展中国家的利益，有关劳工条款的争论也逐渐成为国际焦点。

经济合作中的劳动与雇佣管制，是指在对外劳务合作和工程承包中所受到的劳动法律法规的规范。共建“一带一路”国家通常严格限制和本国就业有竞争关系的外国劳务人员进入，要求只有本地缺乏的劳务人员或本地招不到具有相关技能的工人、相应专长的专业技术人员和专家时，才可以从国外招聘，以保护本国就业。这些国家采取的主要措施包括对外国人的工作许可和工作签证要求、限制外国人的用工比例、限制外籍劳动力配额、限制外国人从事相关行业和工种、雇佣外国人需缴纳相关费用、雇佣本国员工代替外籍员工或禁止雇佣外籍员工等。

本书从劳动关系的确立与终止、工作时间及休息休假、最低工资、外籍劳工、劳动者权利、社会保险与福利、职业安全与卫生等七个方面，系统梳理了各个国家的劳动与雇佣管制基本规定，并分析了它们的相似及差别之处。

第三节　研究内容

本书拟解决以下主要问题：描述中国与共建“一带一路”国家国际贸易和经济合作的规模和发展状况，梳理共建“一带一路”国家劳动雇佣制度的条款和内容，研究如何应对劳动雇佣约束以促进中国对外贸易和经济合作的发展。具体来说，主要包括：

第一，中国与共建“一带一路”国家对外贸易和劳务合作的发展状况和趋势。课题组综合利用国内外相关文献资料、整理官方统计资料及商务部国际贸易与劳务合作历年的统计数据，尝试从中国对外贸易和劳务合作的重要性、发展历程和特征分析对其进行整体的描述与评述，对中国对外贸易和劳务合作的总体特征与趋势进行刻画和判断；从时间序列上梳理中国与共建“一带一路”国家对外贸易和劳务合作的典型特征，重点分析中国与共建“一带一路”国家对外贸易和劳务合作的发展现状与特征。

第二，共建“一带一路”国家劳动雇佣制度与中国对外贸易和劳务合作的结构特征。课题组系统梳理共建“一带一路”国家劳动雇佣制度的条款和内容，根据其劳动雇佣制度的主要类型、特征，分析中国在共建“一带一路”国家对外贸易和劳务合作中如何与东道国劳动力市场相协调。

第三，中国对外贸易和劳务合作在共建“一带一路”国家劳动力市场面临的问题与挑战。课题组找出中国对外劳务、工程项目在共建“一带一路”国家劳动力市场面临的主要问题和挑战，通过对外劳务输出典型调研，分析劳务输出对输入国劳动力市场就业岗位、就业机会、工资及技能结构的影响，以及对外输出劳动力与当地劳动力之间的关系等。

第四，有效应对共建“一带一路”国家劳动雇佣制度、推动中国对外贸易和劳务合作发展的政策建议。课题组进行的政策研究包括：有效应对共建“一带一路”国家劳动雇佣制度的约束，推动中国对外贸易和劳务合作转型升级；有效利用共建“一带一路”国家劳动雇佣制度的规则和空间，扩展中国对外经济合作的广度和深度；发挥中国对外劳务输出的传统优势，提高中国对外贸易和劳务输出的综合竞争力；中国政府如何加强对外贸易和劳务输出的管理和服务职能，帮助中国企业在共建“一带一路”国家有效降低劳动雇佣法律风险。

第四节　研究方法和结构

本书使用的主要研究方法有：

（1）文献研究。利用国内外相关文献资料、整理中国贸易外经统计年鉴等官方统计资料及商务部对外劳务合作发展报告等统计数据，对相关问题进行统计描述和分析。比如，用对外承包工程在境外人数、对外劳务总数变化等分析中国对外劳务合作发展的特征性趋势；用吸纳当地就业比例分析中国对外工程与投资企业创造的直接就业岗位数量，分析中国对外劳务合作如何适应共建“一带一路”国家劳动雇佣制度，如何积极带动共建“一带一路”国家的就业、促进共建“一带一路”国家的劳动力市场发展等。

（2）对比分析方法。针对不同对外贸易和劳务输出对象国，分析它们的劳动雇佣制度，并比较其相同点和不同点。通过对比分析，更准确地总结在不同发展程度的共建“一带一路”国家、不同劳动雇佣制度下中国的应对之策。

（3）定量统计计量分析方法。本书基于丰富的数据库资源，根据所研究问题的差别，分别使用不同来源、不同层次和不同国别的数据。课题组以实地调研、相关经验数据为基础，在统计分析的基础上，全面地分析如何通过对外贸易、对外工程承包、对外劳务合作等形式应对和适应共建“一带一路”国家的劳动雇佣制度。

在研究结构和思路上，课题组使用宏观汇总数据、文献资料和实地调研材料，总结和描述中国“一带一路”建设下参与国际贸易与劳务合作的主要类型和结构特征，梳理和归纳中国对外贸易、对外劳务合作的类型、规模及主要结构特征；基于具体劳务输出项目，分析对外劳务工程项目在输入国劳动力市场面临的主要问题和挑战；通过对外劳务输出项目调研，分析跨国迁移劳动力对输入国劳动力市场就业岗位、就业机会、工资及技能结构的影响，以及对外输出劳动力与当地劳动力之间的关系等；总结不同发展程度的共建“一带一路”国家、不同类型劳动雇佣制度及不同劳动关系对中国对外贸易和劳务合作发展的影响，并提出对策建议。具体的技术路线和各章主要内容如图1-1所示。

第一章是绪论，对本书的研究背景、意义、内容、思路和方法进行简单介绍。第二章是中国与共建“一带一路”国家国际贸易和经济合作发展，系统梳理中国与共建“一带一路”国家经贸合作的进展，分析“一带一路”建设中面临的问题和原因。第三章是共建“一带一路”国家劳动与雇佣管制及国际劳工标准水平，将劳动与雇佣管制的国际一般准则和各国的具体规则从六个方面进行归纳对比，并进一步测度了各国的国际劳工标准水平。第四章是国际贸易中的劳动与雇佣管制，从劳动与雇佣管制和国际贸易的代表性协定出发，了解国际贸易中劳工条款的国际标准。第五章是共建“一带一路”国家劳动与雇

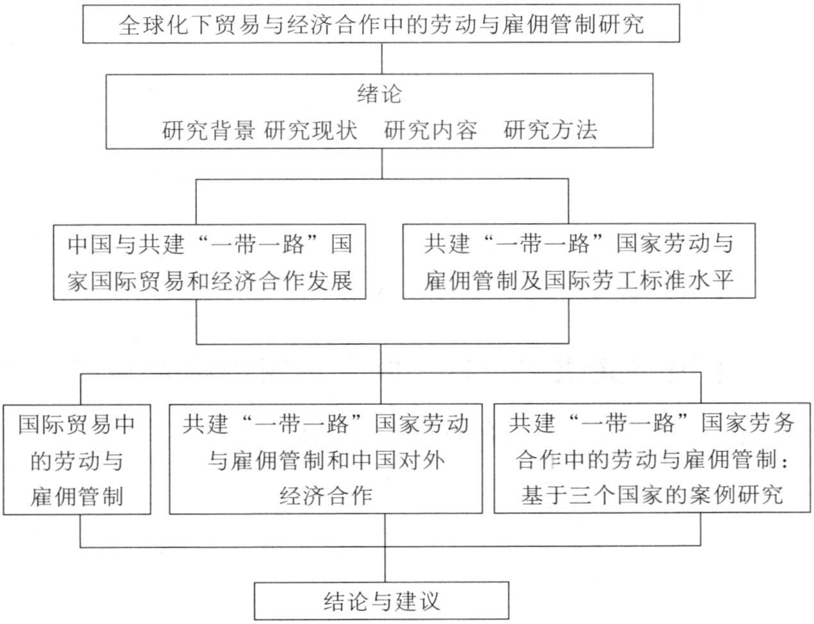

图 1-1 技术路线和各章主要内容

佣管制与中国对外经济合作，探讨中国对外承包工程和劳务合作对共建“一带一路”国家就业的影响，并介绍共建“一带一路”国家对劳动与雇佣管制的相关规定以及劳动力市场供求状况。第六章是共建“一带一路”国家劳务合作中的劳动与雇佣管制：基于三个国家的案例研究，以国别和具体的企业投资案例为划分单位，分别对中国与塞尔维亚、马来西亚、阿尔及利亚的劳务合作和劳动与雇佣管制情况进行回顾与比较分析，并提出相关的政策建议。第七章是结论与建议，针对前述章节分析的共建“一带一路”国家国际贸易与经济合作中的劳动与雇佣管制现状和面临的问题，提出相应对策，并进行未来研究展望。

第二章

中国与共建“一带一路”国家国际贸易和经济合作发展

2013年秋，习近平总书记先后提出建设“丝绸之路经济带”和“21世纪海上丝绸之路”重大倡议。贸易投资合作是共建“一带一路”的重要内容。共建国家着力解决贸易投资自由化便利化问题，大幅消除贸易投资壁垒，改善区域内和各国营商环境，建设自由贸易区，拓宽贸易领域、优化贸易结构，拓展相互投资和产业合作领域，推动建立更加均衡、平等和可持续的贸易体系，发展互利共赢的经贸关系，共同做大做好合作“蛋糕”。随着“一带一路”建设的不断推进，越来越多的中国企业加入对共建“一带一路”国家的投资经营和建设中去。

作为“一带一路”建设的重要组成部分，经贸合作取得的丰硕成果主要包括：

第一，贸易规模不断扩大。中国与共建“一带一路”国家和地区的货物贸易规模屡创新高，服务贸易蓬勃发展，贸易自由化便利化水平不断提升，为全球开放合作、世界经济复苏注入新动能。2013—2022年，中国与共建国家进出口总额累计19.1万亿美元，年均增长6.4%；与共建国家双向投资累计超过3 800亿美元，其中中国对外直接投资超过2 400亿美元；中国在共建国家承包工程新签合同额、完成营业额累计分别达到2万亿美元、1.3万亿美元。2022年，中国与共建国家进出口总额近2.9万亿美元，占同期中国外贸总值的45.4%，较2013年提高了6.2个百分点。[①]2023年上半年，中国对共建“一带一路”国家的货物贸易额6.89万亿元，同比增长9.8%，高于货物贸易的整体增速7.7个百分点，贸易结构不断优化，其中新能源汽车、机床和家用电器对共建“一带一路”国家的出口分别增长163.3%、

① 新华社．“一带一路”数据“说”｜中国与共建国家贸易投资规模稳步扩大［EB/OL］．［2024-10-30］．http：//tradeinservices.mofcom.gov.cn/article/ydyl/yaowen/gnyw/202310/156208.html.

49.7%和26.2%。[①]中国民营企业对共建国家进出口总额超过1.5万亿美元，占同期中国与共建国家进出口总额的53.7%。[②]2015—2021年，我国与共建“一带一路”国家和地区服务贸易总额累计达6 700亿美元，年均增长5.8%，占同期我国服务贸易总额的比重从12%升至14.7%，其中数字贸易逐步成为新的增长点。

第二，双向投资稳步推进。2013—2022年，我国与共建“一带一路”国家双向投资累计超过2 700亿美元。截至2022年底，我国企业在共建“一带一路”国家建设的境外经贸合作区累计投资达571.3亿美元，为当地创造了42.1万个就业岗位。[③]

第三，互联互通成效显著。中国与共建“一带一路”国家和地区充分利用中欧班列、西部陆海新通道、信息高速路等，打造经贸合作新通道，提升基础设施互联互通项目拉动区域经济长期增长的能力。同时，打造内联外畅的全球物流网络体系，构建互利共赢的产业链供应链国际合作体系。

第四，金融合作全面提升。共建“一带一路”资金融通始终坚持“平等参与、利益共享、风险共担”原则，以“企业为主体、市场化运作、互利共赢”为运行基础，通过服务重大项目，推动共建“一带一路”国家之间建立长期、稳定、可持续、风险可控的融资体系，助力共建国家实现高质量发展。十年来，共建“一带一路”资金融通渠道逐步形成了以各国国内金融机构为主导，亚洲基础设施投资开发银行、丝路基金为先锋，传统国际金融机构为重要补充的多层次融资服务体系结构。截至2022年，我国已与20余个共建“一带一路”国家

① 国务院新闻办公室.国务院新闻办就2023年上半年商务工作及运行情况发布会[EB/OL].[2024-10-30]. https://www.gov.cn/lianbo/fabu/202307/content_6893304.htm.

② 国务院新闻办公室.共建“一带一路”：构建人类命运共同体的重大实践[R/OL].[2024-10-30]. https://www.gov.cn/zhengce/202310/content_6907994.htm.

③ 钟飞腾.新起点新征程：“一带一路”未来十年展望[J].国家治理，2023（16）：46-50.

签署了本币互换协议，与10余个共建国家建立了人民币清算机制，并与近40个共建国家金融监管当局签署了合作文件，金融服务共建国家企业能力持续提升。[①]

第五，共建“一带一路”不断巩固扩大合作范围。截至2022年，中国已与149个国家、32个国际组织签署了200多份合作文件。[②]共建“一带一路”已先后写入联合国、亚太经合组织等多边机制成果文件。在“一带一路”倡议下，中国与共建“一带一路”国家在多方面、多领域取得了显著进展，包括国际经贸、人力资源合作、国际投资和社会人文交流等。本章通过收集政策文件与经验数据，梳理中国与共建“一带一路”国家在相关方面交流合作的进展，针对各领域的合作现状，提出未来一段时间中国与共建“一带一路”国家协同发展需要注意的重点。

第一节　国际贸易

从贸易总量来看，中国与共建“一带一路”国家的双边贸易总量平稳，在中国对外贸易中的重要性不断提高。数据显示，2014年，中国与共建“一带一路”国家双边贸易额约为6.9万亿元，占中国同期总进出口比重约为26%。中国与共建“一带一路”国家在2015年和2016年的双边贸易总额分别为6.22万亿元和6.36万亿元，双边贸易的绝对数额有所下降，但同期中国与共建“一带一路”国家双边贸易总量占中国进出口贸易的比重分别为25.7%和25.8%，相对比重并没有显著降低。2017年，中国与共建“一带一路”国家双边贸易额相较2016年进一步下降，金额为6.03万亿元。[③]从上述数据不难看

① 万喆.共建“一带一路”资金融通体系［J］．中国金融，2023（13）：32-33.
② 丁一凡．“一带一路”建设十年成就及展望［J］．国家治理，2023（16）：20-24.
③ 根据中国一带一路网（https：//www.yidaiyilu.gov.cn/）数据整理得到。

到，2013—2017年间，中国与共建“一带一路”国家双边贸易总额有一定的波动，但中国与共建“一带一路”国家的贸易往来在中国对外贸易中的地位并没有显著变化，表现在中国与共建“一带一路”国家双边贸易额占中国对外贸易额的比重在2014—2017年间始终保持在26%左右。党的十九大召开以后，推进“一带一路”建设等内容被写入党章，中国与共建“一带一路”国家贸易规模不断提高。2022年，在63个共建“一带一路”国家，中国与10个国家的双边贸易出现了下跌，较2021年增加两个，分别为乌克兰（下跌60%）、北马其顿（下跌29.8%）、立陶宛（下跌28.4%）、斯里兰卡（下跌27.8%）、尼泊尔（下跌14.6%）、叙利亚（下跌11.5%）、埃及（下跌8.8%）、巴基斯坦（下跌4.6%）、爱沙尼亚（下跌3.4%）和匈牙利（下跌1.2%），其中与叙利亚贸易连续两年下跌。双边贸易涨幅较大的国家有黑山、吉尔吉斯斯坦、黎巴嫩、卡塔尔、土库曼斯坦、约旦、伊拉克、科威特和塔吉克斯坦等国家，中国与这些国家的双边贸易涨幅都超过了40%。其中，中国与黑山的双边贸易增长高达148%，与吉尔吉斯斯坦的双边贸易增长高达105.6%，与黎巴嫩的双边贸易涨幅达66.1%，与卡塔尔的双边贸易涨幅达54.7%，与土库曼斯坦的双边贸易同比增长52%。东盟国家全部是共建“一带一路”国家，2013年，中国与东盟国家之间的货物贸易额只有4 436亿美元，占当年中国货物贸易总额的10.7%；但从2020年开始，东盟已取代美国、欧盟，连续3年成为中国最大的货物贸易伙伴，其中2022年的双边货物贸易总额已达9 695亿美元，占中国货物贸易总额的15.5%。[①]中国对东盟出口5 672.87亿美元，同比增长17.7%；从东盟进口4 080.53亿美元，同比增长3.3%。中国与东盟的贸易占“一带一路”贸易规模

① 国务院新闻办公室．贸易快报|2022年中国与东盟、RCEP成员国及‘一带一路’沿线国家贸易情况［EB/OL］．［2024-10-30］．http：//asean.mofcom.gov.cn/article/jmxw/202301/20230103379195.shtml.

的47%，较2021年下降1.9个百分点，较2020年下降3.5个百分点。

从共建“一带一路”国家自中国的进口看，中国对共建“一带一路”国家的出口依附度要高于双边贸易的依附度。2014年，中国与共建“一带一路”国家进出口总额占中国进出口总额的26%，而同期中国对共建“一带一路”国家的出口占同期中国对外总出口的27.2%，比双边贸易占比高1.2个百分点。2015年，无论是中国对共建“一带一路”国家出口占比还是进出口占比，都呈现下降趋势；2016年，出口占比相较2015年上升0.9个百分点，进出口占比上升近0.1个百分点；2017年，出口占比和进口占比都有一定幅度的上升。总体上，中国对共建“一带一路”国家的出口占总出口的比重高于进出口占总进出口的比重，表明中国对共建“一带一路”国家的出口依附度相对更高。2018年以后，我国同共建“一带一路”国家的进出口规模保持平稳，2019年达到了9.27万亿元；2020年，我国对共建“一带一路”国家进出口总额9.37万亿元，较2019年增长了1.09%。2022年，我国与共建“一带一路”国家的进出口规模创历史新高，占我国外贸总值的比重达到32.9%，较“一带一路”倡议提出的2013年提升了7.9个百分点。①

从共建“一带一路”国家对中国的出口看，共建“一带一路”国家对中国的出口要低于从中国的进口，但贸易逆差逐渐平稳。数据显示，2014—2017年间，共建“一带一路”国家对中国的出口额低于从中国的进口额。其中，2014年，共建“一带一路”国家与中国之间的贸易逆差约为1万亿元；而在2015年，共建“一带一路”国家与中国之间的贸易逆差约为1.4万亿元，2016年和2017年的贸易逆差分别为1.4万亿元和1.3万亿元，总体保持平稳并呈现逐渐下降的趋势。

---

① 王哲.习近平总书记谋划推动共建“一带一路”[J]. 中国报道，2023（10）：22-25.

2018年以后，共建“一带一路”国家对中国的出口保持稳中上升的趋势。2022年，中国从共建“一带一路”国家进口总额达到了5.97万亿元，较2021年提高了18.7%。

第二节　对外承包工程

“一带一路”倡议的重点是建设互联互通的基础设施。随着“一带一路”建设项目的推进，“中巴经济走廊”“中俄蒙经济走廊”等国际经济走廊应运而生。畅通的经济循环带来健康、持续的发展，这些经济走廊有助于促进中国与南亚、中亚的互联互通，更能通过经济、能源领域的合作把北非、海湾国家等紧密联系在一起，形成经济共振的“朋友圈”，更好实现全方位联动和多元化共赢。历史经验表明，拥有更为完备的基础设施对于国家或地区的经济增长具有极其重要的意义。共建“一带一路”国家，尤其是中亚、西亚和北非等地区的国家，经济发展程度普遍低于世界平均水平，绝大部分共建“一带一路”国家属于内陆国，这些国家和地区对外资的吸引力较弱，属于国际基础设施建设领域投资“洼地”；其相应的建设水平也相对较低，落后于世界上其他国家和地区。已有研究指出，仅共建“一带一路”亚洲国家每年基础设施建设的资金缺口就达到8 000亿美元。[①]共建“一带一路”国家的基础设施建设有待优化，尤其是交通行业和能源行业，其发展需求超过其他行业。对于经济发展程度和国际投资吸引力较低的共建“一带一路”国家来说，它们难以通过自身财政来填补每年在基础设施建设领域的资金缺口，中国与共建“一带一路”国家在基础设施建设领域存在较大的合作空间，共建“一带一路”国家也

① 魏琪嘉，肖宏伟．“一带一路”战略风险评估及应对建议［J］．全球化，2016（2）：69-77；133.

寄希望于“一带一路”倡议能够在一定程度上弥补其基础设施建设的资金缺口。

随着“一带一路”倡议的不断推进，中国同共建“一带一路”国家在基础设施建设方面进行了深入的合作，丝绸之路经济带上最亮丽的互联互通工程就是中欧班列。共建“一带一路”倡议提出十年来，中欧班列已经成为连接亚欧大陆的重要贸易线和“一带一路”建设的大动脉。截至2022年底，中欧班列累计开行突破6.5万列、运输货物超600万标箱、货值3 000亿美元，已开通运行82条线路，联通欧洲24个国家200多个城市，基本形成了对亚欧地区全覆盖的交通物流网络，有效打通了跨国贸易的堵点，激活了地区经济发展的潜力，已经成为建设亚欧大陆桥最重要的基础设施，对周边国家的经济形成了巨大的辐射效应。[①]2022年中老铁路正式通车，一年多时间累计发送旅客1 600多万人次，增进了中国与老挝之间的贸易与旅游。中老铁路开通第五个月，货运量达到110万吨，比第一个月增长了5.5倍。实践证明，中老铁路的开通极大推动了经济发展。中老铁路开通以来，累计招聘当地员工3 500多人，在物流、商贸、旅游等领域间接创造就业岗位10余万个；2023年雅万高铁正式通车，雅万高铁是中国高铁首次全系统、全要素、全产业链在海外建设的项目，是中国和印度尼西亚高质量共建“一带一路”的“旗舰”，也是中国同东南亚国家坚持共商、共建、共享，深化互利共赢合作的典范。雅万高铁通车后，成为印度尼西亚和东南亚第一条高速铁路。在港口建设方面，中国在巴基斯坦的瓜达尔港已经开通了定期的集装箱船运输线路，斯里兰卡的汉班托塔港的经济特区已经完成了第一期工程，希腊比雷埃夫斯港的三期工程已经完工，阿拉伯联合酋长国的哈里发港二期集装箱码头已开放。

---

① 丁一凡．“一带一路”建设十年成就及展望［J］．国家治理，2023（16）：20-24.

中国对外合同承包额和新签合同额不断增加。数据显示，2013年，中国对外新签合同额为1 716.3亿美元，而后保持年均10%的增长。受不利国际环境的影响，2018年相较2017年有所下降，但2019年有所增加。随着“一带一路”建设不断推进，中国承包工程完成营业额也呈现不断增加的趋势。2013年中国对外承包工程完成营业额1 371.4亿美元，2014—2019年期间呈现逐年上升趋势。2019年中国完成对外承包工程营业额11 928亿美元，相较上年增长约6.6%。2020年我国对外承包工程完成营业额10 756亿元，较上年减少1 172亿元，同比下降9.8%（折合1 559亿美元，同比下降9.8%）。

中国在共建“一带一路”国家的合同承包额逐年增加。2015年中国在共建“一带一路”国家新签合同约4 000份；2016年为8 158份，增长幅度104%。2016年以后，中国与共建“一带一路”国家新签承包合同数量有所下降，但仍保持在每年7 000份左右。中国与共建“一带一路”国家新签合同承包额也呈现上升趋势。2015年新签合同承包额为926.4亿美元，2016年和2017年新签合同承包额增至1 260.3和1 443.2亿美元。2018年相较2017年新签合同承包额略微下降，为1 257.8亿美元。2019年新签合同承包额为1 548.9亿美元，较2015年大幅增长67.2%。中国在共建“一带一路”国家承包工程完成营业额也逐年增加。2015年中国在共建“一带一路”国家承包工程完成营业额为692.6亿美元，2019年为979.8亿美元，在此期间年均增长约8%。无论是从新签合同承包额来看还是从完成营业额来看，中国与共建“一带一路”国家的合作规模都日益扩大，体现了中国与共建“一带一路”国家在基础设施领域的合作取得了重大进展。2022年，我国企业在共建“一带一路”国家新签对外承包工程项目合同5 514份，新签合同额8 718.4亿元人民币，增长0.8%（折合1 296.2亿美元，下降3.3%），占同期我国对外承包工程新签合同额的51.2%；

完成营业额5 713.1亿元人民币，下降1.3%（折合849.4亿美元，下降5.3%），占同期总额的54.8%。[①]

中国与共建“一带一路”国家合同承包额在中国对外合同承包额中的比重呈上升趋势。2015年中国在共建“一带一路”国家新签合同额在中国对外合同承包额中的比重为44.1%；2016年和2017年连续两年不断增加，比重分别为51.6%和54.4%。2018年比重下降为52%，但2019年的比重上升至59.5%。中国在共建“一带一路”国家完成营业额在中国对外承包合同完成营业额中的比重也不断增加。2015年，中国在共建“一带一路”国家完成营业额的比重为45%，而后逐年增加，2016年为47.7%，2017年的比重更是超过50%。2022年，中国在共建“一带一路”国家完成营业额占中国对外承包合同营业额的比重达到54.8%。中国在共建“一带一路”国家新签合同承包额和完成营业额比重上升，表明共建“一带一路”国家与中国基础设施建设合作在中国对外基础设施建设合作中的重要性不断提高。

第三节　对外劳务合作

“一带一路”倡议不仅有助于加深经济领域的合作，还有助于中国与共建“一带一路”国家在人力资源领域的合作。中国与共建“一带一路”国家在人力资源等领域进行合作，能够在国家之间建立一种长期的互利共赢关系，因为不同国家的资本结构只存在纵向差异（即属于资本丰裕的国家还是属于资本稀缺的国家），而不同国家的人力资源结构不仅存在纵向差异（即属于人力资源富足的国家还是属于人力资源缺乏的国家），还存在横向差异（即属于缺乏高技能人力资源

① 商务部.2022年我国对“一带一路”沿线国家投资合作情况［EB/OL］.［2024-10-30］. https://www.yidaiyilu.gov.cn/p/308055.html.

的国家还是属于低技能人力资源相对稀缺的国家）。

中国对外劳务派出人数总体呈现平稳态势。2013年，中国对外劳务派出人数为52.7万人，期末在外总人数高达85.3万人。2014年，无论是当年劳务派出人数还是期末在外总人数都较2013年有大幅增加，其中年度劳务派出人数和期末在外总人数分别达到56.2万人和100.6万人。自2015年起，中国对外劳务派出人数呈现不断下降趋势，但仍在50万人左右，年末在外总人数在2016年以后逐渐平稳，总体保持在100万人左右。2020年，我国对外劳务派出各类劳务人员30.1万人，较上年同期减少18.6万人。其中，承包工程项下派出13.9万人，劳务合作项下派出16.2万人。年末在外各类劳务人员62.3万人。2022年，我国企业共向境外派出各类劳务人员25.9万人，较上年同期减少6.4万人。其中，承包工程项下派出8万人，劳务合作项下派出17.9万人。年末在外各类劳务人员54.3万人。①

从学前教育发展看，共建“一带一路”国家学前儿童入学率存在较大差异，以色列、泰国和捷克等国学前儿童毛入学率均高达100%；俄罗斯、中国和印度等国家学前儿童入学率均在50%左右，还有学龄儿童入学率在10%以下的国家，如阿富汗、伊拉克等。②从人才竞争力看，共建“一带一路”国家同样存在较大差异。2018年，共建“一带一路”国家人才竞争力评估得分分布在78~16分之间不等，这表明在高技能人才领域，中国与共建“一带一路”国家同样存在很大的合作空间③。

在“一带一路”倡议下，中国与共建“一带一路”国家在人力资

① 商务部．2022年我国对外劳务合作业务简明统计［EB/OL］．［2024-10-30］．http：//fec.mofcom.gov.cn/article/tjsj/ydjm/lwhz/202302/20230203384456.shtml.

② 霍力岩，孙蔷蔷．中国与共建“一带一路”国家学前教育发展的比较研究［J］．现代教育论丛，2016（4）：57-67.

③ 辛越优，倪好，林成华．“一带一路”沿线国家的人才竞争力：排名、特征与启示［J］．高校教育管理，2019（4）：8-17.

源领域的合作日益深入。民心相通是共建“一带一路”的社会根基。共建国家传承和弘扬丝绸之路友好合作精神，广泛开展文化旅游合作、教育交流、媒体和智库合作、民间交往等，推动文明互学互鉴和文化融合创新，形成了多元互动、百花齐放的人文交流格局，夯实了共建“一带一路”的民意基础。2016年，教育部印发《推动共建“一带一路”教育行动》（以下简称《行动》）。《行动》旨在从四个方面推动与共建“一带一路”国家在人力资源领域的合作。在中央与地方政府的大力引导与支持下，中国与共建“一带一路”国家在人力资源、教育和文化等领域的合作日益深入。从教育培训方面看，截至2023年6月底，中国已与45个共建国家和地区签署了高等教育学历学位互认协议。[①]中国设立“丝绸之路”中国政府奖学金，中国地方省份、中国香港特别行政区、中国澳门特别行政区和高校、科研机构也面向共建国家设立了奖学金。中国院校在132个共建国家办有313所孔子学院、315个孔子课堂；“汉语桥”夏令营项目累计邀请100余个共建国家近5万名青少年来华访学，支持143个共建国家10万名中文爱好者线上学习中文、体验中国文化。中国院校与亚非欧三大洲的20多个共建国家院校合作建设鲁班工坊。中国与联合国教科文组织连续7年举办“一带一路”青年创意与遗产论坛及相关活动，合作设立丝绸之路青年学者资助计划，已资助24个青年学者研究项目。中国政府原子能奖学金项目已为26个共建国家培养了近200名和平利用核能相关专业的硕博士研究生。共建国家还充分发挥“一带一路”高校战略联盟、“一带一路”国际科学组织联盟等示范带动作用，深化人才培养和科学研究国际交流合作。[②]各地政府也因地制宜推出了具

① 国务院新闻办公室.共建“一带一路”：构建人类命运共同体的重大实践［N］. 人民日报，2023-10-11（10）.

② 张胜，王斯敏，蒋新军，等. 教育合作：为“一带一路”提供更坚实的人才支撑［N］. 光明日报，2019-04-26（12）.

有地方特色的与共建“一带一路”国家在人力资源领域合作的规划。如2016年河北省印发《河北省推动共建“一带一路”教育合作》，2017年北京市分别印发《北京市对接共建“一带一路”教育行动实施方案》和《北京市“一带一路”国家人才培养基地项目管理办法（试行）》，陕西省、天津市等其余省、直辖市也纷纷印发旨在促进人力资源合作领域的文件，如《天津市融入“一带一路”建设2019年工作要点》《陕西省“一带一路”建设2017年行动计划》等。从文化交流方面看，截至2023年6月底，中国已与144个共建国家签署了文化和旅游领域合作文件。中国与共建国家共同创建合作平台，成立了丝绸之路国际剧院联盟、博物馆联盟、艺术节联盟、图书馆联盟和美术馆联盟，成员单位达562家，其中包括72个共建国家的326个文化机构。①中国不断深化对外文化交流，启动实施“文化丝路”计划，广泛开展“欢乐春节”“你好！中国”“艺汇丝路”等重点品牌活动。中国与文莱、柬埔寨、希腊、意大利、马来西亚、俄罗斯及东盟等共同举办文化年、旅游年，与共建国家互办文物展、电影节、艺术节、图书展、音乐节等活动及图书广播影视精品创作和互译互播，实施“一带一路”主题舞台艺术作品创作推广项目、“一带一路”国际美术工程和文化睦邻工程，扎实推进亚洲文化遗产保护行动。中国在44个国家设立了46家海外中国文化中心，其中共建国家有32家；在18个国家设立了20家旅游办事处，其中共建国家有8家。

随着“一带一路”建设不断推进，中国在共建国家的投资规模日益扩大，投资项目需要雇佣当地劳工或输出本地劳动者，跨境劳工流动比以往更加频繁。中国同共建国家有不同的法律、文化和宗教环境，共建“一带一路”国家涉及五大文化圈，包括中华文化圈、印度

---

① 国务院新闻办公室.共建“一带一路”：构建人类命运共同体的重大实践［N］.人民日报，2023-10-11（10）.

文化圈、伊斯兰文化圈、拉丁文化圈和斯拉夫文化圈，如果没有事先充分了解共建国家雇佣领域所涉及的法律法规以及政策，就很容易在跨境用工过程中出现侵犯劳工合法权益、违反共建国家对外籍员工入境工作规定、违法裁员等法律风险。主要的潜在风险集中在：

第一，共建“一带一路”国家劳动雇佣制度存在显著差异。其主要表现为：一是用工理念。中国目前普遍存在加班现象，中资企业“出海”习惯性要求共建国家的劳工加班且不支付或不足额支付加班费。当共建国家对加班有相当严格的规定以及处罚标准时，中资企业除面临处罚外，还可能引发员工大量离职，企业形象因此受损，不利于未来在本土的人员招聘以及业务稳定发展。如新加坡对于加班的规定与中国不同，新加坡劳动法和雇佣条例规定，一般情况下，公司不可以要求员工连续工作超过6个小时而不休息；因工作性质特殊，需要员工连续工作长达8个小时以上的，必须安排用餐时间，休息时间至少45分钟。工作日、休息日与公众假期加班，加班费有不同的计算标准，其中休息日公司要求员工加班且超过正常工时的，公司需支付2天日薪+加班费（1.5×加班总小时数）。[①]二是劳工保障理念。不同国家劳工合同解除及裁员的法律规范差异较大，某些国家法律对解雇要求很宽松，如卡塔尔规定，雇主和雇员可以在提前通知对方的前提下，终止雇佣合同而不必提出任何理由。雇员受雇满一年以上的，在结束雇佣合同时有权得到工资补偿，工资补偿是每年度不少于3个星期的原工资，但雇员因违反工作纪律被解雇的除外。另外一些国家法律对解雇条件和程序的规定极为严格，雇主须在裁员之前取得有关政府机构的批准。如埃及规定，除非严重失职（包括罢工、工作表现极差、长期旷工、故意损坏财产等），否则雇主不得解雇雇员。在解雇前，双方必须接受人力资源部协调委员会的听证协调。协调不具有

---

① 姜俊禄，彭染晴.跨境用工法律问题研究［J］. 法人，2023（11）：83-86.

强制性，双方可上告法院。法院的判决一般要求解雇前30天通知雇员，或给予一个月工资补偿。三是对外籍劳工限制标准。各个国家为保护本国就业，对外籍劳工就业许可证申请条件与程序、外籍员工工作许可配额、禁止从事职业、处罚措施等都有具体规定，对外籍员工准入采取严格限制的国家占绝大多数。例如，土耳其在其移民法、劳动法、外国人工作许可法等法律中规定，无论是当地企业还是外国企业，雇用1个外籍劳工，须同时雇用5个当地劳工。外国人获得工作许可和工作签证的难度很大，已成为外国企业进入土耳其的“老大难”问题。部分非洲国家、东南亚国家对外籍员工准入相对宽松，对管理和技术型人才需求量较大。例如，尼日利亚对于投资类企业，根据投资额多少，政府分配一定的外籍劳务人员名额；对专业领域外籍人才需求量较大。

第二，共建“一带一路”国家同中国文化环境存在显著差异。共建“一带一路”国家几乎汇集了全世界所有的宗教类型和主要文化圈，如阿拉伯国家在斋月（伊斯兰教的圣月）期间进行礼拜活动，会相应减少正常工作时间。

第三，工会角色存在显著差异。工会代表所有员工的合法权益，与企业管理层就劳动强度、薪酬福利和雇佣情况等进行商谈，最大程度保护员工的权益。工会的存在有助于维持雇主和员工之间的平衡，促进双方共同发展，满足双方的利益。如果一方权力过大，这种平衡将被打破，对双方的长期发展是不利的。“一带一路”共建国家因不同的国情、社会制度和经济发展水平，对工会的规定各不相同。很多共建“一带一路”国家对工会的管理相对宽松，不论其经济是否发达，都未对工会权力设置明显的限制，这可能导致中资企业在这些国家投资时面临工会干预问题。一些国家拥有悠久的工会历史，属于传统型工会国家，对工会的规定较为规范，若中资企业严重损害当地员工的权益，可能引起当地工会组织罢工，影响企业的生产经营。在共建“一带一路”国家中，工会权力较大的国家包括孟加拉国、波兰、立陶宛、尼泊尔等。立陶宛工会联盟曾组织游行，影响政府的经济复兴计划。尼泊尔的工会组织不仅代表员工的权益，还为政党服务，工会组织可以维护各方面权益而没有相关法律限制。

自2013年习近平总书记提出“一带一路”倡议以来，共建“一带一路”成果卓著，我国与共建国家贸易和投资规模稳步扩大，基础设施互联互通不断加强，产业链供应链合作水平持续提升，联系日趋紧密。在国际贸易方面，2013—2022年，我国与共建“一带一路”国家货物贸易额从1.04万亿美元增加到2.07万亿美元，年均增长8%。在“一带一路”倡议下，我国同共建“一带一路”国家的劳务合作项目数量明显增加，人员层次也发生了变化。中国对外承包工程、劳务合作企业年均雇用东道国人数逐年增加，为共建“一带一路”国家提供了大量就业机会。同时，中资企业对于外来劳务人员的需求也不断增加，劳动力结构发生了变化；随着我国产业结构升级，中资企业开始重视基础建设和服务业的发展，交通运输、外贸金融、饮食住宿等行业有了新的发展空间，对文化体育方面的产业化也有了新的要求。

第四节　中国与共建“一带一路”国家对外贸易和经济合作的主要问题

中国在与“一带一路”国家经贸合作取得显著成绩的同时，“一带一路”建设还存在自身发展规律所导致的阶段性困境：一是标准与规则对接的问题。中国在知识产权、政府采购等方面的现行标准与国际标准存在较大差异，为相关政策和协定的制定带来阻力。二是出口贸易不平衡、对外投资效率不高、海外用工争议多发、国际化人才短缺等[1]。具体情况为：

一、对外贸易失衡，贸易便利化程度低

随着民族主义、孤立主义和贸易投资保护主义抬头，全球化和区域经济一体化遭遇挑战，推进“一带一路”倡议也因此受到阻碍。据WTO统计，2016年，世界贸易组织成员发起的贸易救济调查月均数量达到2009年以来的最高点，中国又是遭遇贸易救济调查的重灾区。此外，超越经济发展水平、过度强调高标准的“理论正确”论调也影响到务实合作。对于广大发展中国家而言，改善人民生活、解决生存问题仍应以“发展优先”兼顾多方面平衡为主要政策导向，但过度强调质量标准、生态和劳工保护中的某一方面的观点仍比较流行。在“一带一路”建设中，中国多采用偏向性支持措施，对共建“一带一路”国家的市场开发较少；同时，与共建“一带一路”国家的进口贸易联系仍处于较低水平。[2]有学者以贸易便利化指数为研究对象，对具有代表性的58个共建“一带一路”国家进行研究，发现除了1个伙伴的贸易便利化水平为非常便利、9个伙伴的贸易便利化水平为一般便利外，其余48个伙伴的贸易便利化水平均为不便利，表明“一带一路”合作伙伴的贸易便利化水平普遍低下[3]。

二、对外劳务合作发展相对缓慢，制约中国对外发展

对外劳务合作是中国与共建“一带一路”国家经贸合作的重要内

---

① 蒙奕铭．中国与“一带一路”沿线国家经贸合作的问题与应对［J］．开发研究，2019（6）：104-109．

② 张会清，唐海燕．中国与“一带一路”沿线地区的贸易联系问题研究——基于贸易强度指数模型的分析［J］．国际经贸探索，2017（3）：27-40．

③ 任祎卓，顾国达．贸易便利化对中国丝绸出口的影响——来自中国与“一带一路”贸易伙伴间的经验证据［J］．丝绸，2019（10）：1-7．

容。中国对外劳务合作的问题主要体现在以下方面：

第一，国内在输出劳务的模式上有待升级。由于中国的政策法规对于劳务人员的保障不到位，在对外劳务合作过程中，中国工人多次受到侵权危害。现阶段，我国对外劳务管理缺乏系统的法律规定，仅依靠分散的单个劳务合作法律维持，其中包括对外贸易法、出入境管理法等，这些劳务管理的相关规定保障力度不够。在行政管理方面，涉及对外劳务的事项集中在外交、商务、人力资源等部门，它们负责对外劳务合作监督管理的相关工作。这使得不同部门容易出现推卸责任的问题。

第二，国际劳务市场正在转型，由低端市场逐渐过渡到中高端市场。我国同共建“一带一路”国家的很多对外合作项目的劳务模式仍然是低端的劳动密集型，而目前国际上对于知识技能型中高端劳务人员的需求量越来越大，对不同行业的劳动力需求也在增加，形成了多元化劳务人员结构。在我国很多地区，大多数劳务合作业务集中在基础设施的建筑行业。经济全球化的发展对中国劳务输出的影响很大，我国劳务人员难以进入经济发达地区的高端市场，集中在亚非地区的市场竞争优势也逐步被削弱。这对于我国的劳务市场来说，是一个重大挑战。同时，在数字贸易、绿色金融等新兴领域，我国企业在规则对接、标准统一上也面临巨大的挑战。

第三，法律制度差异较大，面临复杂的合作法律环境。由于共建“一带一路”国家缺乏统一的市场制度，各国的劳动力市场发展情况差异较大。泰国、越南、吉尔吉斯斯坦、匈牙利、孟加拉国等国家对于劳务合作的市场管理制度比较宽松，而新加坡、阿拉伯联合酋长国、波兰、文莱等国家对于劳务合作的市场管理制度比较严格。不同的用工制度影响劳务合作的模式，企业需要进一步优化薪酬制度，缓解劳动力冲突，解决雇佣成本问题。

第四，人口现代化背景下我国对外劳务合作面临严峻挑战，我国原有的劳动力优势被削弱。与此同时，东南亚的低成本劳动力优势逐渐出现并迅速扩大，基于对外承包工程的劳动力需求开始转向第三国，比如越南、印度、斯里兰卡、朝鲜等国家的外籍务工人员越来越受到外包商的重视，外包商开始在这些国家大量招收低成本劳动力。有些对外承包工程使用超过60%的第三国低成本劳动力，这就意味着第三国劳动力的优势逐渐增加，甚至出现了完全将劳务合作项目放到第三国的情况。

第五，我国企业管理制度和经验相对缺乏，增加了法律风险。我国对外劳务合作模式的开放程度不高，导致我国劳务合作项目的融合性不高，更注重项目形式的管控，甚至在同一个国家的劳务合作项目中出现了不同的模式。为了减少劳务人员在跨境项目中与当地人员的矛盾和冲突，我国企业常常采取封闭管理方式，刻意回避当地劳务市场和经济发展情况，这可能导致摩擦加剧。同时，由于对外派劳务人员培训不够，并且缺乏对当地法规、文化、信仰等方面的培训，再加上语言、风俗习惯等方面的差异，沟通不到位，容易出现本国劳务人员与他国劳务人员的摩擦。

三、基础设施投资环境差异显著，面临复杂的合作环境

在“一带一路”共建国家中，很多标准体系不完善，质量管理体制差异较大，基础设施水平不同，计量水平不一致，对接兼容难度较大。而中国标准的国际认可度不高，中国的国际标准采标率也不高，只有80%左右，而且更新速度相对缓慢。经济走廊基础设施建设规划以及物流网络设计在缺乏标准相互认可的情况下，达成共识的难度较大，规划效率也较低，即使物理基础设施已经实现了连接，但仍面临着“软联通”障碍。从总体来看，南亚和东南亚国家拥有较好的基

础设施投资环境，其次是西亚、中东欧和北非国家，最次的是中亚、东亚和独联体地区。[①]有2/3以上的共建“一带一路”国家基础设施建设水平较低。许多国家在铁路设施方面都存在供给不足、缺乏维护和运载能力不强的问题，港口基础设施发展水平更是普遍低下。作为海上丝绸之路重要节点区域的东南亚和南亚，各国港口设施发展水平参差不齐，航空基础设施相对落后。中亚、中东欧和东亚（蒙古国）有着低质量的航空运输和具有局限性的航空货运量，东亚（蒙古国）和南亚的互联网普及率较低，通信设施供给量有限。很多国家电力供应能力十分有限[②]。要进行基础设施对外投资，实现标准和技术的互认十分重要。我国在共建“一带一路”国家的基础设施投资中，因为有些标准还没有国际化，就面临双重标准、技术难以得到认可的问题[③]。

四、国际化人才短缺，人力资源国际化程度低

超过83%的中央企业认为，高层次国际化人才短缺是制约企业“走出去”的首要问题。[④]“一带一路”建设带动了共建“一带一路”国家的投资、贸易、基础设施建设和文化交流，需要数以万计的各领域国际化人才。同时，随着“一带一路”建设的推进，很多国家都需要能够开展汉语教学的高素质人才。在世界范围内，有3 000万以上的人在学习汉语，教授中文的大学广泛分布在不同国家，总计数量高达2 500所以上，然而海外汉语教育因缺乏汉语教学人才而难以为继。[⑤]

---

① 卢伟. 我国不同区域参与“一带一路”建设的进展、问题和策略［J］. 中国发展观察，2018（6）：24-27；19.

② 姜巍．“一带一路”沿线基础设施投资建设与中国的策略选择［J］. 国际贸易，2017（12）：44-52.

③ 裴长洪. 中国企业对外投资与“一带一路”建设机遇［J］. 财政监督，2017（3）：16-22.

④ 马骁. 中央企业国际化人才队伍建设的对策［J］. 中国领导科学，2018（6）：55-57.

⑤ 周满生．“互联网+”全民信息化时代汉语教学人才的培养［J］. 华南师范大学学报（社会科学版），2018（5）：59-63.

我国对外劳务合作派出人数下降。中国向共建"一带一路"国家派出的劳务合作人员数量在2014—2016年间明显下降，2015年的下降幅度是4.5%，2016年则是5.9%，企业外派人员增长乏力。2013年以来，我国对共建"一带一路"国家承包工程完成营业额呈现不断增长的趋势，但我国对共建"一带一路"国家承包工程派出人员数量并没有相应增长，一直徘徊在14万人左右。①

五、文化差异对"一带一路"劳务合作造成阻碍

"一带一路"建设使国与国之间、民族之间、人与人之间的沟通和交流更加频繁。我国如今正在深化与共建"一带一路"国家的合作，具体的合作领域包括文化、经贸和政治，然而我国的宗教信仰、语言文字、价值观和社会环境与这些国家有较大差异，同时这些国家之间也存在不同，在之后的合作与沟通过程中，我国可能因跨文化能力不足和跨文化意识薄弱而面临困境。②有研究指出，我国对外文化投资缺乏总体规划和顶层设计；对外投资的主体中，最主要的是政府，民间资本尚未发挥应有的作用；对外文化投资活动通常是由文化产业类企业进行的，面临的困境一般是缺乏足够的信息渠道，企业无法全面、透彻地了解相关信息，从而不能确定东道国投资环境的具体情况；对外文化投资实际上具有极高的专业性，我国进行共建"一带一路"文化投资时难以获得进展的主要原因是缺乏复合型的高端人才。③

---

① 高文书．"一带一路"建设与中国人力资源国际化［J］．广东社会科学，2018（6）：27-36；254.

② 刘秀琴．中西礼仪文化的语言差异研究［J］．山西广播电视大学学报，2019（2）：58-61.

③ 陈明敏，彭兴莲．"一带一路"背景下我国对外文化投资：机遇、挑战及策略［J］．对外经贸实务，2019（8）：72-76.

第三章

共建“一带一路”国家劳动与雇佣管制及国际劳工标准水平

“一带一路”倡议提出以来，我国与共建“一带一路”国家间的经济合作更加深入，对外直接投资规模显著扩大。中国在共建“一带一路”国家的OFDI流量由2013年126.3亿美元上升到2023年的318亿美元[①]，增长率达到251%。2022年，中国企业对共建“一带一路”国家实施并购项目118起，并购金额55.2亿美元，占并购总额的27.5%。其中，阿根廷、新加坡、津巴布韦、韩国、哈萨克斯坦和印度尼西亚吸引中国企业投资并购规模均超3亿美元。[②]在经济合作中，我国企业除了要考虑自身的战略布局外，还需要考察东道国政局的稳定性和经济社会发展情况，了解文化习俗，遵守法律法规，特别是与劳动力密切相关的劳动和雇佣管制规定，其作为一国劳动力市场规则的重要组成部分，影响我国企业国际贸易和经济合作的目标国家选择和战略决策。在经贸合作中，要特别关注各个国家制度安排的独特要求，有所侧重地制定战略规划，避免由于对东道国劳动和雇佣管制规定认知模糊而造成不必要的纠纷甚至损失。本章分为“国际劳工组织一般准则与共建‘一带一路’国家具体规定”“国际劳工标准的定义与涵盖范围”“共建‘一带一路’国家国际劳工标准水平”等三部分。其中，第一部分详细梳理了在劳动关系的确立与终止、工作时间及休息休假、最低工资、工会与劳动者权益、社会保险和福利，以及职业安全与卫生等六个方面，国际劳工组织的相关要求以及共建“一带一路”国家的具体管制情况。第二部分梳理了国际劳工标准的定义，并界定了本书中国际劳工标准水平的涵盖范围。第三部分在上述基础上评估了共建“一带一路”国家的国际劳工标准水平，并阐述了三项特征事实。

① 商务部. 2023年我对“一带一路”共建国家投资合作情况. [EB/OL]. [2024-05-16]. https: //www.yidaiyilu.gov.cn/p/0697U0UU.html.

② 中华人民共和国商务部，国家统计局，国家外汇管理局. 2022年度中国对外直接投资统计公报 [M]. 北京：中国商务出版社，2023：12.

第一节　国际劳工组织一般准则与共建“一带一路”国家具体规定

一、劳动关系的确立与终止

本部分将从劳动合同和解雇政策两方面简要介绍国际上对于劳动关系的确立与终止的相关要求与一般准则。

1.劳动合同

（1）定期合同的国际标准

“按照法律对劳动合同有效期限的要求不同，将劳动合同分为定期劳动合同、不定期劳动合同和以完成一定工作（工程）为期限的劳动合同，这是大多数国家劳动立法的通例。”①根据《中华人民共和国劳动法》的规定，无固定期限劳动合同是指用人单位与劳动者约定无确定终止时间的劳动合同。与无固定期限劳动合同相比，固定期限劳动合同通常在终止雇佣方面为工人提供较低水平的保护。因为固定期限劳动合同包含设定的终止日期，所以雇主通常不需要提供终止雇佣关系的理由，在大多数情况下，也不需要支付遣散费。

国际劳工组织1982年颁布的《终止雇佣公约》（第158号公约）规定，成员国可以将根据“在特定时期或特定任务下的雇佣合同”雇用的工人排除在全部或部分该公约的规定之外，雇主必须提供“适当的保障措施”，以防止出现这种旨在避免受到该公约保护的合同。此外，《终止雇佣公约》就可实施的适当保障措施提供了建议。例如，它规定“可以做出以下一项或多项规定：（a）在规定的期限内限制诉

① 王兴全. 劳动法学［M］. 北京：中央广播大学出版社，2003：80-81.

诸合同，鉴于从事工作的性质、工作的环境、雇佣关系不能处于不稳定的状况；（b）除（a）中所指的情况外，将在指定时期内的合同视为期限不确定的雇佣合同；（c）除本段（a）中所述的情况外，在指定的时期内多次或续签的合同均视为期限不确定的雇佣合同”。

在国际劳工组织就业保护立法数据库（EPLex）的共建“一带一路”国家中，除孟加拉国、约旦和新加坡三国外，其他国家均支持定期合同（FTC）监管并采取保障措施。首先，建立允许企业使用定期合同的原因清单。各个国家对于使用定期合同并无严格的限制，部分国家没有限制，部分国家规定提供客观理由就可实施定期合同。其次，对连续的最大定期合同数量进行限制。大部分国家并未对此进行限制，有些国家规定连续的最大定期合同数量为1~3次。最后，对于与同一工人的长期合同或对连续定期合同的最长累计持续时间设置限制。除无限制的国家外，菲律宾和塔吉克斯坦的限制时间为12个月，是就业保护立法数据库的共建“一带一路”国家中设置最短持续时间限制的国家；而爱沙尼亚和中国设置了最长的持续时间限制，为120个月。

（2）共建“一带一路”国家关于劳动合同的制度规定

由于在地理位置、历史文化、经济发展水平等方面存在差异，各国根据自己的国情在劳动法中对劳动合同有具体的规定。下文从订立形式、试用期、劳动合同内容、合同种类四个方面对各国的雇佣合同制度进行说明。

在订立形式方面，大多数国家在劳动法中规定应订立书面形式的合同并确定了合同中必须包含的内容，以明确雇主和雇员之间的权利与义务。部分国家未明确规定合同签订的形式，即书面合同与口头合同均适用。例如，科威特和格鲁吉亚要求，建立劳动关系时要签订书面的或口头的劳动合同。此外，部分国家对于合同签订的特殊情况做出了规定。黎巴嫩提出，如果没有书面劳动合同，雇员有权以任何其他方式证明其与雇主的劳动关系。越南则要求以书面形式签订劳动合同，并提出劳动期限在1个月以下的可以用口头方式订立劳动合同。

在试用期方面，各国根据自己的国情提出了不同的试用期限制，但各国试用期均不超过6个月。伊朗规定，试用期的长短应在劳工合同里明确，一般工人和半熟练工人最多为1个月，熟练工人和高水平专业工人最多为3个月。黎巴嫩、埃及、俄罗斯和波兰等国家规定试用期不得超过3个月，巴林规定试用期应在3~6个月之间，卡塔尔、格鲁吉亚、保加利亚规定试用期不得超过6个月。

在劳动合同内容方面，各国重点强调雇佣信息、工作信息、合同期、休息休假期限、雇主和雇员的权利与义务等方面。

在合同种类方面，大多数国家主要分为固定期限合同和无固定期限合同两种类型。例如，克罗地亚劳动关系的法律基础是劳动合同。劳动合同分为有限期和无限期两种。劳动合同必须以书面方式达成，否则视为无固定期限劳动合同。《克罗地亚劳动法》规定，禁止雇用15岁以下未成年人。少数国家规定了合同文件的语言应以当地国家语言为准，如需翻译成其他语言，在发生分歧时，应以当地语言版本为法律依据。

2.解雇政策

（1）解雇政策的国际标准

国际劳工组织1982年《终止雇佣公约》、1949年《组织权和集体谈判权公约》（第98号公约）和1958年《消除就业和职业歧视公约》（第111号公约）对解雇政策进行了限制。在66个共建“一带一路”国家中，有12个国家签署了第158号公约，采用该公约原则消除了雇主通过通知期或补偿期代替其单方面终止无限期雇佣关系的可能性。在66个共建“一带一路”国家中，有58个国家签署了第111号公约，占共建“一带一路”国家总数的87.9%；有49个国家签署了第98号公约，占比为74.2%。《消除就业和职业歧视公约》和《组织权和集体谈判权公约》就哪些原因不构成终止雇佣关系的正当理由为各国提供了参考。

在解雇理由方面，《终止雇佣公约》规定：“除非有正当理由，否则不得终止雇用工人。”国际劳工组织公约和建议书实施专家委员会认为，以正当理由终止就业是该公约的基石。1982年颁布的第158号公约对解雇理由做出了进一步规定。雇主给出的解雇理由应当与下列理由之一有关：①工人的能力；②工人的行为；③企业、机构或服务的运作要求。如果法律条文没有规定任何有效的解雇理由，这并不意味着雇主享有解除劳动合同的全部自由。例如，即使在不需要正当理由就可以解雇的国家中，禁止歧视的规定也有助于保护工人免遭错误或不公正解雇。

在解雇程序方面，《终止雇佣公约》规定，如果未被裁定为严重失职，被终止雇佣的工人应该享有合理的通知期或者补偿期。此外，《组织权和集体谈判权公约》和《消除就业和职业歧视公约》中规定，不能以工会会员资格、在工作时间以外参加工会活动或在雇主同意的情况下在工作时间参加工会活动、种族、肤色、性别、宗教、政治见解、国籍或社会出身等因素作为合理解雇的理由。

（2）共建“一带一路”国家的解雇政策

第一，在解雇的合理依据和禁止解雇的理由方面，在国际劳工组织就业保护立法数据库中，37个国家有关于雇主是否有向员工提供解聘理由的义务的信息。其中，菲律宾、哈萨克斯坦、印度等26个国家认为雇主在解雇雇员时需要提供解雇的理由。部分国家还规定了合理解雇的有效依据。蒙古国、菲律宾、塔吉克斯坦、印度、阿富汗俄罗斯、乌克兰等26个国家遵守第158号公约的规定，即认为由于员工的能力、员工的行为以及企业的经济原因解雇员工是合理的。其他国家则无明确规定或规定任何合理理由都可以成为解雇的有效依据。此外，还有部分国家规定了禁止解雇的理由，如沙特阿拉伯和阿富汗禁止以产假为由解雇女性雇员，阿拉伯联合酋长国禁止因为雇员向雇主提出申诉解雇雇员，孟加拉国禁止因为工会会员资格和活动解雇雇员，蒙古国、塞尔维亚、希腊等国禁止因为怀孕、家庭、种族、性别、宗教、社会出身、国籍、工会会员资格等原因解雇员工。具体参见附表1共建“一带一路”国家有效和禁止解雇的理由。

第二，除了规定禁止解雇的理由外，许多国家还对特定的工人群体（例如工人代表或孕妇）提供特殊保护，以保护他们免受报复或歧视，即免遭解雇的特殊保护。就工人代表而言，法律中可能有规定要求雇主在解雇之前征求两方机构的意见或获得其批准。蒙古国、泰国、哈萨克斯坦、吉尔吉斯斯坦等24个国家规定，工人代表享有免遭解雇的特殊保护。孕妇或产假期妇女也享有特殊保护的权利。国际劳工组织EPLex数据库显示，超过80%的EPLex数据库国家为孕妇或产假期妇女提供特别保护。亚美尼亚、波兰、斯洛文尼亚、斯洛伐克等国家还为有家庭责任的工人、残疾工人、确认受伤的工人、未成年人提供特殊保护。

第三，在解雇工人方面，雇主需要遵守一系列法定程序，如通知期。马来西亚、中亚地区五国、印度、孟加拉国、沙特阿拉伯、俄罗斯、斯洛文尼亚等31个国家要求以书面方式通知被解雇的工人。泰国、印度尼西亚、阿富汗、斯里兰卡、伊朗、也门未规定特定的通知形式，即可以通过口头形式或书面形式通知。在通知期内，工人有权在合理的时间范围内休假，而这对双方都有利，工人可以在此期间寻找其他工作。各国以任期来确定被解雇工人的通知期。除印度尼西亚、希腊外，EPLex数据库显示，共建“一带一路”国家工人享有7~

120天不等的通知期。除了遵守第158号公约要求的终止雇佣的程序外，部分国家还规定，雇主在个别情况下就终止雇佣的情况做出最后决定之前，需要咨询工人代表；工人通常有权通过公正的机构（例如法院、劳动法庭、仲裁委员会或仲裁员）上诉。

第四，在集体解雇方面，各个国家的法律和惯例规定了确切的定量阈值，一旦达到该阈值，就会触发雇主需要遵循的特殊程序。集体解雇的后果不仅对工人个人有影响，而且会影响企业的持续健康发展。大多数集体解雇程序旨在避免或最小化集体解雇的影响。第158号公约和第166号公约（即《海员遣返公约》）概述了其中许多程序，其他程序则根据国家惯例进行。这两个公约要求，从提供信息到咨询工人代表都必须寻求主管当局的授权，或向社会保障机构提出申请。例如，塞浦路斯规定，集体解雇应该满足以下条件：至少在30天内，拥有20~99名员工的企业中至少有10名员工被解雇；拥有100~299名员工的企业中有10%的员工被解雇；至少有300名员工的企业中有30名员工被解雇。企业在解雇员工前，应与工会（工人代表）协商并通知公共管理部门和工人代表，雇主有义务考虑解雇的替代方法。

第五，离职福利方面，可以根据离职原因分为遣散费和冗余支付。遣散费（Severance Pay）是指有正当理由的个人解雇，即与雇员的行为、能力或者与企业需求有关的解雇。冗余支付（Redundancy Payments）是指由于经济原因（例如冗余、重组）而终止雇佣关系产生的终止支付。冗余是指雇主不再希望任何人完成雇员正在做的工作，例如业务重组可能产生职位的冗余。在某些国家或地区，这两种付款方式之间没有区别。国际劳工组织第158号公约允许各国根据具体情况，自行确定解雇时支付给工人的遣散费和冗余支付，因此各国遣散费和冗余支付的金额差异较大。例如，哈萨克斯坦规定，任期大于等于6个月的员工可获得1个月的遣散费和冗余支付。而印度不支付遣散费，在冗余支付方面，任期大于等于1年小于2年的员工可以获得15天的冗余支付，任期大于等于2年小于4年的员工可以获得30天的冗余支付，任期大于等于4年小于5年的员工可以获得60天的冗余支付，任期大于等于5年小于10年的员工可以获得75天的冗余支付，任期大于等于10年的员工可以获得150天的冗余支付。事实上，离职福利只是一种可能的保护，因为工人可以获得失业保险、援助福利、其他形式的社会保障或各类补贴和福利的组合。

二、工作时间及休息休假

本部分将简要介绍工作时间与休息休假制度的国际标准与共建“一带一路”国家的具体标准。工作时间又称劳动时间，是劳动者按照法律规定，应从事生产劳动或工作的时间。工作时间一般以小时为单位，按照每日工作小时数、每周工作天数或小时数计算。各国通过法律强制性保证劳动者按时完成生产任务和工作任务，并保障劳动者的必要休息时间，劳动者和用人单位都应该自觉遵守。

1.工作时间

（1）工作时间的国际标准

多个国际组织对工作时间的关注由来已久，一般为每周48小时。国际劳工组织于1919年颁布的《工作时间（工业）公约》（第1号公约）初次对工作时间进行了规定。该公约将工业界定为矿业、制造业、建筑业以及运输业等，并将生产中的一般工作时间限制为每天8小时、每周48小时。不过，共建“一带一路”国家对该公约的批准率较低，仅有印度、沙特阿拉伯、阿拉伯联合酋长国、希腊等19个国家批准，占所有共建“一带一路”国家的28.8%。1930年，国际劳工组织在此基础上颁布了《商业及办事处所工作时间的规定公约》

（第30号公约），其适用范围扩大到商业和贸易公司、从业人员主要从事办公室工作的公司和行政服务机构，以及工商业混合公司（被视为工业公司的除外）。在共建“一带一路”国家中，有7个国家签订了该条约，分别为沙特阿拉伯、科威特、伊拉克、叙利亚、以色列、埃及和保加利亚。国际劳工组织随后陆续发布了多个公约和建议书，一方面将公约的约束范围继续扩大，适用部门扩展到煤矿、公共工程、纺织品、公路运输等行业；另一方面加强对工作时间的限制，如1935年颁布了《每周工作时间减至四十小时公约》（第47号公约），但这些公约只有少部分成员国批准。共建“一带一路”国家的签约情况见附表2共建“一带一路”国家核心国际劳工组织公约批约情况（工作时间）。全球跨国企业通用的社会责任标准（SA8000）要求标准工作周（不含加班时间）应当根据法律确定，但不可以超过48小时，每连续工作6天至少休息1天。

（2）共建“一带一路”国家标准工作时间限制

共建“一带一路”国家参考签署的公约，通过各国劳动法等法律法规，将每日8小时工作制作为标准工时，并响应国际劳工组织《减少工作时间建议书》（第116号建议书），以达到40小时工作周的标准。目前，只有少数国家的工时限制较为宽松，大部分国家的工作时间为每日8小时，其主要区别在于各国对每周工作时间的确定是各不相同的。

在工作时间标准制度方面，共建“一带一路”国家还存在一些特殊情形，如《印度尼西亚人力事务部法》规定，每日限额因工作周的分布而有所不同。如果企业家让工人每周工作6天，则每天限制为7小时；如果劳动者被企业家要求每周工作5天，则每天限制为8小时。需要注意的是，许多伊斯兰国家明确将周五定为每周带薪假日，如阿富汗、伊朗等。此外，一些国家的工作时间在当地节日期间有特殊限制，例如《沙特阿拉伯劳动法》规定，在斋月期间，穆斯林的实际工作时间应减少到每天最多6小时；《科威特劳动法》规定，斋月期间的工作时间为每周36小时。

2.延长工作时间及工资补偿率

延长工作时间是指劳动者的工作时数超过法定标准，有加班和加点两种方式。加班是指职工根据用人单位的要求，在法定节日和公休日内进行工作；加点是指职工在标准工作日以外延长工作时间。两者的区别在于：加班时间是特定的，仅限于在法定节日或公休日加班；而加点时间是任意的，根据工作需要，可以在任何工作日加点。《中华人民共和国劳动法》规定，休息日加班，一般予以补休；法定节日加班的，不予补休；加点则不予补休。加班的工资报酬高于加点的工资报酬。

（1）延长工作时间及工资补偿率的国际标准

国际上对延长工作时间的制度要求没有过多限制，国际劳工组织也没有公约单独就延长工作时间加以规定，在1979年颁布的《工作小时和休息时间（公路运输）公约》（第153号公约）中规定了公路运输行业的工作时间，包括加班时间在内，每天不得超过9小时，也不得超过每周48小时。批准该公约的共建"一带一路"国家有伊拉克、土耳其和乌克兰。全球跨国企业通用的社会责任标准对延长工作时间的要求是每周加班时间不得超过12小时，也不可经常性加班。

（2）共建"一带一路"国家对延长工作时间及工资补偿率的规定

各国对延长工作时间及工资补偿率的具体要求各不相同，基本上根据本国劳动力市场的状况做出选择性规定，同时对不同情况下延长工作时间有不同的工资补偿率安排。对延长工作时间的限制一般对四个周期同时做出规定：每天延长工作时间限制，以及每周、每月、每年延长工作时间限制。对于工资补偿率的规定，一般分为三个等级，工资补偿率在工作日、休息日和法定节假日是不同的。

各国延长工作时间的工资补偿率各不相同，有一半国家的工资补偿率未设置梯度，如新加坡、印度、蒙古国、马来西亚等，工资补偿率从100%到200%不等。部分国家，如匈牙利和叙利亚，和我国一样，分不同情况规定不同等级的工资补偿率，工作日、休息日和法定节假日的工资补偿率不一样。还有部分国家，如俄罗斯和希腊，根据加班时间设置阶梯工资补偿率。俄罗斯规定，加班前两个小时的工资补偿率为150%，后续时间为200%。

3. 休息休假

休息休假时间是劳动者在国家规定的法定工作时间以外，不履行劳动义务而自己支配的时间，其目的是保障劳动者享受休息休假基本权利，较好地实现劳动力再生产。国际劳工组织规定，休息时间包括每日休息时间和每周休息时间，休假包括年假、公共假日和紧急探亲假。《中华人民共和国劳动法》要求劳动者每周至少休息1天，每日工作时间不超过8小时、平均每周工作时间不超过44小时。

（1）休息休假的国际标准

最早规定每周休息时间的公约是国际劳工组织于1921年颁布的《每周休息（工业）公约》（第14号公约），该公约在共建“一带一路”国家中得到了较为广泛的认可，与我国有紧密贸易往来的共建“一带一路”国家均批准了该公约，如印度、俄罗斯、泰国等，批约国家总数达41个，批约比例达62.1%。在此基础上，1957年颁布的《每周休息（商业和办公室）公约》（第106号公约）将适用范围扩大到商业和贸易机构、从业人员主要从事办公室工作的公司和行政服务机构及其分支机构，以及混合商业和工业机构。该公约在共建“一带一路”国家中的批准率为42.4%，包括沙特阿拉伯、俄罗斯、埃及、伊朗等28个国家。此外，在全球通用的社会责任标准中，每周休息时间的规定为员工每连续工作6天至少休息1天。

在年假和公共假日方面，国际劳工组织1936年颁布了《工资照付年假》（第52号公约），共有14个共建“一带一路”国家签署该公约，占国家总数的21.2%。国际劳工组织后来还制定了多个公约和建议书，对休息休假进行了补充规定和倡议。

（2）共建“一带一路”国家休息休假制度

首先，共建“一带一路”国家的每周休假制度与工作时间关系紧密，基本分为三种类型：第一类，一般规定为劳动者每连续工作6天，有权享受连续24小时的休假。超过六成的国家采用该制度，包括新加坡、印度、越南、泰国、马来西亚等30个国家。第二类，规定劳动者每7个工作日内休息时间在1~2天之间（连续35小时、36小时、42小时）。以俄罗斯为代表的6个国家实行该制度。第三类，规定劳动者每7个工作日内有权享受连续48小时的休假，只有极少数国家实行该制度。还有部分国家的周休制度存在以上三类兼而有之的情况，且具体的休假时间视劳动者工作时间或按照行业类别而灵活制定。

其次，年假是每年给予职工一定连续休息时间，并照发工资的休假制度，属于职工福利范畴。不同国家之间的年休假制度差异很大，但基本上将可以享受年假的资格期限设定在半年到一年之间，且多数国家根据一定的标准增加额外天数。部分国家与我国一样，对劳动者可以享受的年假时长按照累计工作年数，采取阶梯递增模式，如柬埔寨、希腊、马来西亚、蒙古国等国家。

最后，国家之间的公共假日制度也各不相同，已有统计数据显示，共建“一带一路”国家平均法定节假日天数为11.1天。

三、最低工资

最低工资是雇主依法有义务向雇员支付的最低工资。基本最低工资可以按每小时、每周或每月确定，这一最低工资通常由法律（政府）保障，往往在与社会伙伴协商后执行。法定最低工资的范围因国家而异，包括单一国家最低工资、区域最低工资、部门最低工资、职业最低工资等。规定最低工资的基本目的是通过定出最低生活水平给劳动者以必要的社会保障。

1. 最低工资的国际标准

国际组织仅对最低工资、支付形式、工资的扣除等提出了建议，不设置硬性标准，主要是督促成员国设立最低工资制度，并对最低工资标准的实施进行监督。国际上有关最低工资标准制定的正式文件为国际劳工组织于1928年颁布的《制定最低工资机制公约》（第26号公约），该公约要求成员国建立一种机制，为制造业和商业中不能有效通过集体协议或其他方式规定工资水平且工资极低的雇员确定最低工资率，而最低工资率需各成员国在与有关行业或部分行业的工人和雇主协商后自行决定。中国、印度、缅甸、埃及在内的19个共建“一带一路”国家批准了该公约，占共建“一带一路”国家总数的28.8%。国际劳工组织后来还制定了一系列公约和建议书，扩大了适用范围，并对工资的支付形式、扣除等方面做出了具体规定。全球跨国企业通用的社会责任标准也对最低工资做出了相应规定。

2. 共建“一带一路”国家最低工资制度

各国的法定最低工资差异较大，可以通过最低工资大致了解各国的劳动力价格水平。在共建“一带一路”国家中，中东欧国家最低工资标准普遍较高，除以色列外，最低工资水平较高的前十位国家均为中东欧国家。在共建“一带一路”国家中，最低工资标准最低的国家是格鲁吉亚，最低工资仅为7.1美元/月；处于中位的国家是泰国，最低工资为220.33美元/月；最低工资最高的国家是以色列，为1 486.87美元/月。

在中亚、南亚、东南亚的“一带一路”合作伙伴中，发展中国家居多，最低工资标准处于中下水平，劳动力价格普遍较低；中东欧国家经济发展水平普遍高于其他地区，绝大多数国家最低工资水平在中位数以上，且由于国土面积较小，最低工资标准基本上全国统一。

四、工会与劳动者权利

本部分介绍结社自由和集体谈判权与待遇均等权的国际标准与共建“一带一路”国家的具体管制规则。

1.结社自由和集体谈判

结社自由和集体谈判在许多国家与劳资关系联系紧密，是关系劳动者权利的重要部分，国际劳工组织和各个国家的法律都对此做出了规定。结社自由是公民为实现一定的共同宗旨而依法结成某一社会团体的自由。这是公民参与国家生活、社会生活的重要方式。它是公民的基本权利之一，包括发起结社自由、参与结社自由和维持组织团体的权利。集体谈判是职工代表（通常是工会代表）和雇主或其行政代理之间，为了规定双方可以接受的劳动待遇和劳动条件而进行的谈判，是西方发达国家解决劳资冲突的一个重要手段。参加集体谈判的人员通常有以下几种：一是工会一方的代表，由工会负责人、为工会服务的律师及外界聘请的律师等人组成；二是资方的代表，由劳资关系顾问、公司律师、经理等组成；三是参加谈判的第三方，即政府，其作用是规定谈判的规则，对谈判的双方进行监督，必要时对谈判进行调停或干涉。

（1）结社自由和集体谈判的国际标准

关于结社自由保护的核心公约是国际劳工组织1948年颁布的《结社自由与保护组织权利公约》（第87号公约）。该公约规定，工人和雇主没有任何区别，都有权在未经先前授权的情况下，建立并仅遵守有关组织的规则，加入自己选择的组织且有权制定其规则，有充分的自由选举其代表，组织其行政和活动，并制定其方案。该公约还要求批约成员国承诺采取一切必要和适当的措施，确保工人和雇主能够自由行使组织权。

在集体谈判方面，国际劳工组织1949年颁布的《组织权和集体谈判权公约》作为核心公约对工人和雇主加入工会的权利加以保护，尤其是使工人免受就业方面的反工会歧视。在此基础上，《工人代表公约》对工人代表应享有的有效保护进行了规定，防止出现任何在符合现行法律或集体协议或其他共同商定的安排下，由于工人代表地位和活动而有损于他们的行为，包括解雇。1981年颁布的《集体谈判公约》将“集体谈判”一词延伸至雇主、一组雇主或一个或多个雇主组织与一个或多个工人组织之间进行的所有谈判。具体见附表1共建“一带一路”国家有效和禁止解雇的理由。

（2）共建“一带一路”国家结社自由和集体谈判制度

共建“一带一路”国家结社自由的相关法律一般规定受雇人员建立工会、参与工会的权利和要求以及雇主建立雇主组织、参与雇主组织的权利和要求，本部分主要从劳动雇佣角度对建立工会的法律进行分析。企业工会是工会的基层组织，也是最为普遍的工会形式。共建“一带一路”国家对建立工会所需的成员人数规定基本分为三类：第一类为绝对数量，直接规定成立工会的最低人数。第二类为相对数量，规定企业职工中工会会员数的最低比例。和我国同样规定绝对数量的国家占多数，从摩尔多瓦和斯洛伐克至少3人到约旦至少50人不等。少部分国家采取相对数量要求，如孟加拉国要求工会会员数不少于企业集团职工总人数的30%，菲律宾要求工会会员数不少于寻求议价单位所有雇员的20%。第三类是对第一类和第二类的糅合使用，如《印度工会法》要求注册工会需要工会会员数不低于工人总数的10%，或100名工人，以较低者为准，但须至少7人。

在集体谈判方面，共建“一带一路”国家一般对谈判范围有一定限制，集体谈判的范围基本包括缔约双方的权利与义务、工资、工作时间、工作条件等。需要注意的是，在劳动关系是否终止和纠纷的解决等谈判内容上，部分共建“一带一路”国家的规定与我国有较大差异。其中，谈判内容包含雇佣关系的终止和就业期限的国家有克罗地亚、孟加拉国、缅甸和阿尔巴尼亚等，包含预防和解决劳动纠纷相关措施的国家有缅甸、斯里兰卡和波黑等。详见附表3共建“一带一路”国家结社自由和集体谈判的部分法律要求。

2.机会和待遇均等

国际劳工组织首次将机会和待遇均等写入公约是在1951年，当时它颁布了《同工同酬公约》(第100号公约)，规定各成员国应根据确定薪酬率的适用方法，促进并确保所有工人都适用男女工人同工同酬的原则，酌情与有关雇主和工人组织合作，以落实该公约的规定。1958年颁布的《消除就业和职业歧视公约》进一步将机会和待遇均等的范围扩展，“歧视”一词包括：基于种族、肤色、性别、宗教、政治意见、民族血统或社会出身而做出的任何区别、排斥或优待，以及具有取消或损害就业或职业机会或待遇平等效果的其他区别、排斥或优待，其结果是取消或损害就业或职业机会或待遇平等。就业和职业则涵盖获得职业培训、获得就业和特定职业的机会以及就业条件。由于这两个公约旨在促进就业和职业方面的机会和待遇平等，以期消除对就业和职业的歧视，鼓励各国根据本国情况制定相关规定，因此未做出强制性要求。大多数共建“一带一路”国家均已批准，具体见附表4共建“一带一路”国家核心国际劳工组织公约批约情况（机会、待遇均等）。

五、社会保险和福利

本部分介绍劳动者社会保障的国际标准与各国具体标准与制度。

1.社会保障的国际标准

国际劳工组织根据组织章程，自1921年开始，逐渐制定社会保障相关条例以保障农业劳动者、工业劳动者以及外籍劳动者的权利。1921年，国际劳工组织通过了《（农业）劳动者赔偿公约》（第12号公约），规定赔偿农业劳动者因就业或在工作过程中发生的意外人身伤害。1925年，国际劳工组织颁布了《工伤赔偿（事故）公约》（第17号公约）、《工人（职业病）赔偿公约》（第18号公约）、《平等待遇（事故赔偿）公约》（第19号公约）。其中，第17号公约批准因工业事故而遭受人身伤害的工人或其家属，在有关工业事故赔偿的国家法律中，应获得至少与该公约所规定的条件相同的补偿。第18号公约则要求批准该公约的国际劳工组织成员国应该向因职业病丧失工作能力的工人或因这种疾病致死的工人家属进行赔偿，赔偿额不少于国家法律规定的因工业事故造成的伤害的额度。第19号公约要求，若批准该公约的任何成员国的国民在批准该公约的其他成员国领土内发生工业事故，该国应提供给该工人本国国民工人补偿的待遇。

其后，国际劳工组织还针对工业和农业制定了更为细致的分产业公约：《疾病保险（工业）公约》（第24号公约）、《疾病保险（农业）公约》（第25号公约）、《（工业）老年保险公约》（第35号公约）、《（农业）老年保险公约》（第36号公约）、《（工业）无效保险公约》（第37号公约）、《（农业）无效保险公约》（第38号公约）、

《（工业）遗属保险公约》（第39号公约）、《（农业）遗属保险公约》（第40号公约）。批准这些公约的成员国应建立或维持工业或农业强制性疾病保险制度、强制性老年保险计划、强制性无效保险计划、强制性遗属保险制度。国际劳工组织随后颁布了一系列公约，如第44号公约、第48号公约确保了非自愿失业者、退休人员的福利和津贴，第42号公约、第121号公约规定了工伤补偿方法，第128号公约、第130号公约、第157号公约进一步完善了国际社会保障标准。

1952年《社会保障（最低标准）公约》（第102号公约）规定了签订该公约的成员国应向受保护的居民提供医疗护理、疾病津贴、失业救济金、养老金等社会保障服务。随后出台的《（社会保障）平等待遇公约》（第118号公约）对外籍公民的社会保障权利做出了规定，即批准该公约的成员国应在其领土内提供给签署此公约的任何其他成员国国民同其本国国民平等的待遇。1964年《工伤赔偿公约》（第121号公约）、1967年《残疾人、老年人和遗属津贴公约》（第128号公约）、1969年《医疗和疾病津贴公约》（第130号公约）、1982年《维护社会保障权利公约》（第157号公约）也陆续出台，国际社会保障标准得到进一步完善。

2.共建“一带一路”国家社会保障政策

社会保障制度是现代国家的重要制度之一，是社会文明进步的重要标志，各国劳动法对此都做出了具体规定。《中华人民共和国宪法》规定：“中华人民共和国公民在年老、疾病或者丧失劳动能力的情况下，有从国家和社会获得物质帮助的权利。”

由于不同的国情，共建“一带一路”国家在社会保障方面的规定差异较大。与中国类似，多数国家建立了社会保障体系，通过强制性社会保险制度保障雇员的利益，并要求雇主与雇员共同承担社保费用。然而，也有一些国家不强制企业为雇员缴纳保险。不仅如此，各国社保的类型也有所差异，医疗、养老、失业方面的保险是最基本的类型。

各国雇员和雇主需要缴纳的社保基金是按照占工资总额的比例来计算的，还规定雇主有义务从雇员的薪资总额中扣除必须缴纳的各种基金和强制性社会保障基金。根据各国经济发展水平和雇员工资的差异，各国雇员所缴纳的社保种类和各类社保基金并不相同。例如，波兰保险和社保基金有退休保险、健康保险、重大疾病保险、伤残养老金保险、过渡养老基金、事故保险、就业基金、员工福利保障基金等。各类保险和社保基金占月薪总额的45.6%~46.26%，雇主支付的比例为20.89%~23.54%，雇员支付的比例为22.71%。塞尔维亚的保险种类分为养老和伤残保险、医疗保险、失业保险、病假保险、事故保险、劳动基金等。其中，养老和伤残保险占工资额的比重为28%，雇主和雇员各承担一半；医疗保险占工资额的比重为11%，雇主和雇员各承担一半；失业保险占工资额的比重为1.5%，雇主和雇员各承担一半；病假保险、事故保险、劳动基金则全部由雇主承担。

除社会保险外，有的国家还建立了其他类型的社会保障制度。新加坡通过设立中央公积金（Central Provident Fund，CPF）来为雇员提供全面的社会福利保障，并开设普通账户、健康账户和特别账户三种类型的个人账户为雇员提供各方面保障。还有部分国家对外国劳动者在该国的社会保险做出了明确规定，使外国劳动者也可以享受该国的社会保险制度，为其在国外务工提供了保障。根据2014年《越南社会保险法》，从2018年1月1日起，在越南工作一个月以上的外国劳动者必须参加强制社会保险。外国劳动者可享受社会保险待遇，包括疾病险、生育险、职业病险、工伤险、退休与死亡金等。外国劳动者应当按月工资标准缴纳8%的退休与死亡金。用人单位按月工资标准最高缴纳18%的强制社会保险，包括3%的疾病险和生育险、1%的工伤险和职业病险，14%的退休和死亡金，与越南政府达成政府间避免劳动者双重征收社会保险的国家的劳动者除外。黎巴嫩则规定，除法国、比利时、意大利和荷兰的公民外，其他国籍的人无权享受国家社会保险基金所带来的利益。

六、职业安全与卫生

本部分首先介绍国际劳工组织等国际组织的职业安全与卫生标准，随后详细介绍各国的具体制度安排。

1.职业安全与卫生国际标准

美国、日本等国均采用“职业安全与卫生”这种说法，并且设有相应的管理机构和法规体系，如美国职业安全与卫生管理局。我国则将此归为劳动保护（Labor Protection）。劳动保护的定义为：为了保护劳动者在劳动、生产过程中的安全、健康，在改善劳动条件、预防工伤事故及职业病，实现劳逸结合和女职工、未成年工的特殊保护等方面所采取的各种组织措施和技术措施的总称。职业安全与卫生体系是指以保障职工在职业活动中的安全与健康为目的，在工作领域及在法律、技术、设备、组织制度和教育等方面所采取的相应措施。

全球跨国企业通用的社会责任标准对职业健康和安全做出了相关规定：组织应该提供安全和健康的工作环境，并应采取有效措施防止潜在的健康和安全事故及职业伤害，或在工作过程中发生的或引起的疾病。此外，SA8000还对孕妇和哺乳期妇女、防护设备、健康安全委员会、健康和安全培训也做出了规定。

国际劳工组织职业安全与卫生立法数据库（LEGOSH）提供的各国职业安全与卫生信息主要是根据国际劳工组织《关于职业安全与健康公约》（第155号公约）、《职业安全与卫生（海员）促进公约》（第164号公约）、《劳工检查公约》（第187号公约）以及各国劳动法和职业安全与卫生管理相关条例做出的统计。在66个共建“一带一路”国家中，该数据库拥有中国、越南、马来西亚、哈萨克斯坦、罗马尼亚等35个国家的相关数据，占共建“一带一路”国家总数的一半多。

2.共建“一带一路”国家职业安全和卫生规定

国际劳工组织职业安全与卫生立法数据库中的35个共建“一带一路”国家规定了雇主确保员工健康和安全的职责，雇主应提供必要的预防措施，以保护员工免受由工作和使用设备引起的危险和疾病，预防危险事件的发生，但各国的劳动法或职业安全法律法规中的规定有所不同。例如，《克罗地亚职业安全法》规定，雇主有义务组织和实施职业健康和安全，同时要考虑风险预防以及通知、培训、组织，雇主有义务在工作过程中采取预防措施，确保员工在工作中的安全。而《塞浦路斯工作安全与卫生法》对一些特殊情况做出了规定：在与雇主无关、由异常或不可预见因素引起的特殊事件、尽职调查后仍发生意外事件的特殊情况下，雇主可以免除责任。

上述35个国家中，有16个国家确定了雇主保护自己雇员以外人员的健康和安全的职责。如1997年《保加利亚职业安全与健康法》规定，根据雇佣合同独立雇用雇员的法人或自然人，以及独自或与他人合作工作的人，有义务为其雇员和出现在工作场所内或附近的人员提供健康和安全的工作条件并确保工作场所安全。

关于雇主提供与工作有关的工人健康监测，35个国家均认为应该定期对工人的健康状况进行医学检查并存入现有员工档案中。此外，部分国家对特殊人群提供了更为详细的保护。例如，黎巴嫩强调对孕妇和两岁以下儿童的母亲进行健康检查。除身体健康外，阿曼、摩尔多瓦还注重员工的心理健康并规定雇主有责任在必要时进行定期心理检查以确保员工心理健康。

马来西亚、菲律宾、新加坡等国家有明确法律条文要求建立国家职业安全与卫生委员会、理事会等类似机构，负责职业中的安全与卫生问题，目的是提供信息、指导和监督参与事故预防以及确保安全的工作条件，协调职业健康和安全方面的工作，为雇员提供相应的保护。

第二节 国际劳工标准的定义与涵盖范围

国际劳工标准的概念诞生于19世纪，彼时，欧洲资本主义国家为了获得国际贸易中的出口优势以争夺国际市场，相互竞争，不断降低劳工的工作条件。为了消除残酷的竞争，Daniel Le Grand多次呼吁对劳工立法以达成共同协议，国际劳工立法理念开始萌芽（Bureau for Workers' Activities，1978）。[①]直到20世纪90年代，劳工标准才以WTO的“社会条款”形式首次被正式引入国际贸易领域，以调节国际贸易竞争。社会条款是发达国家和国际劳工组织主导，针对发展中国家低劳工标准、低劳动成本现状提出的，“社会倾销论”是支持国际劳工标准与国际贸易挂钩的主要观点（朱紫娟，2015）。[②]尽管国际劳工标准受到发展中国家的反对而无法在多边机构通过，但发达国家通过在双边或区域协议中引入劳工条款，深刻影响了国际贸易和投资的各个领域（Joo-Cheong Tham and K. D. Ewing，2016）。[③]

在西方国家的相关文献中，“国际劳工标准”和“劳工标准”两词混用，存在多种表达方式（刘波，2006），[④]国际劳工组织将国际劳工标准定义为国际劳工组织成员国起草的法律文书，规定了工作的

① Bureau for Workers' Activities. International Labor Standards：a Workers' Education Manual［R］. Geneva：ILO，1978：3.

② 朱紫娟. 东道国劳工标准与中国对外直接投资［D］重庆：重庆师范大学，2015.

③ THAM，EWING. Labour Clauses in the TPP and TTIP：A Comparison without a Difference［J］. Melbourne Journal of International Law，17（2）.

④ 刘波.国际贸易与国际劳工标准问题的历史演进及理论评析［J］. 现代法学，2006（3）：121-129.

基本原则和权利，分为两种：一是具有法律约束力的国际公约（或议定书），由成员国批准生效；二是不具有法律约束力的建议书。国际劳工组织确定的国际劳工标准涵盖结社自由、集体谈判、强迫劳动、童工、机会和待遇平等、三方协商、劳工管理、劳工检查等25个主题，每个主题由相关的国际劳工公约（或议定书）和建议书组成。成员国就某些保护劳工权利的条款达成共识，批准相关公约（或议定书）后，形成相应义务，在国家层面通过劳动立法和建立规章制度遵守履行。其中，国际劳工组织确定了10项基本公约（或议定书），涵盖了被视为基本原则和工作权利的议题：结社自由和有效承认集体谈判权、消除一切形式的被迫或强迫劳动、有效废除童工、消除就业和职业方面的歧视、安全和健康的工作环境。[①]10项基本公约（或议定书）及其对应的5个议题见表3-1（加粗文件）。

表3-1　**共建"一带一路"国家国际劳工公约（或议定书）批准情况**

议题	国际劳工公约（或议定书）
结社自由和有效承认集体谈判权	C011——1921年《结社权（农业）公约》（第11号）
	C084——1947年《结社权（非大都会领土）公约》（第84号）
	C087——1948年《结社自由与保护组织权利公约》（第87号）
	C098——1949年《组织权和集体谈判权公约》（第98号）
	C135——1971年《工人代表公约》（第135号）
	C141——1975年《农民工组织公约》（第141号）
	C154——1981年《集体谈判公约》（第154号）

① 国际劳工组织．公约和建议书［EB/OL］．［2024-05-16］．https：//www.ilo.org/global/ standards/introduction -to-international -labour -standards / conventions - and-recomme -ndations /lang-- en/index.htm.

续表

议题	国际劳工公约（或议定书）
消除一切形式的被迫或强迫劳动	**C029——1930年《强迫劳动公约》（第29号）** P029——2014年《强迫劳动公约议定书》
	C105——1957年《废除强迫劳动公约》（第105号）
有效废除童工	C005——1919年《最低年龄（工业）公约》（第5号）
	C010——1921年《最低年龄（农业）公约》（第10号）
	C015——1921年《最低年龄（修剪者和斯托克斯）公约》（第15号）
	C033——1932年《最低年龄（非工业就业）公约》（第33号）
	C059——1937年《最低年龄（工业）公约（修订）》（第59号）
	C060——1937年《最低年龄（非工业就业）公约（修订）》（第60号）
	C123——1965年《最低年龄（地下工作）公约》（第123号）
	C138——1973年《最低年龄公约》（第138号）
	C182——1999年《最差形式的童工公约》（第182号）
消除就业和职业方面的歧视	**C100——1951年《同工同酬公约》（第100号）**
	C111——1958年《消除就业和职业歧视公约》（第111号）
	C156——1981年《家庭责任工人公约》（第156号）
	C190——2019年《暴力和骚扰公约》（第190号）
安全和健康的工作环境	**C187——2006年《职业安全与健康促进框架公约》（第187号）**

续表

议题	国际劳工公约（或议定书）
安全和健康的工作环境	**C155——1981年《职业安全与卫生公约》（第155号）**
	C161——1985年《职业卫生服务公约》（第161号）
	C120——1964年《（商业和办公室）卫生公约》（第120号）
	C152——1979年《职业安全与卫生（码头工作）公约》（第152号）
	C167——1988年《建筑安全与卫生公约》（第167号）
	C176——1995年《矿山安全与卫生公约》（第176号）
	C184——2001年《农业安全与卫生公约》（第184号）
	C115——1960年《辐射防护公约》（第115号）
	C139——1974年《职业癌症公约》（第139号）
	C148——1977年《工作环境（空气污染、噪声和振动）公约》（第148号）
	C162——1986年《石棉公约》（第162号）
	C170——1990年《化学品公约》（第170号）

注：C类文件为国际公约，P类文件为议定书。加粗文件为基本国际公约（或议定书）。

第三节　共建“一带一路”国家国际劳工标准水平

鉴于上述分析，本书认为，共建“一带一路”国家国际劳工标准的考察范围可以框定在国际劳工组织提出的基本原则和工作权利议题，其中涉及的公约（或议定书）批准数量可以在一定程度上反映一国的整体国际劳工标准水平。

因此，参照上文中列示的表3-1，本书统计了各共建“一带一路”国家在这5个议题下公约（或议定书）的批准数量，并将批约总数作为该国整体国际劳工标准水平的一个指标，具体参见附表5共建“一带一路”国家整体国际劳工标准水平。其中，有5列分别列出了各国在结社自由、集体谈判和劳资关系，强迫劳动，机会和待遇平等，消除童工和保护儿童及青年人，职业健康与安全方面的批约数量，这反映了一国在这5个方面的国际劳工标准水平；最后一列是5个议题的批约总数，这在一定程度上反映了一国总体国际劳工标准水平。

综上可以看到如下几个特征事实：首先，共建“一带一路”国家之间的国际劳工标准水平差异较大，绝大多数国家位于中等或高等国际劳工标准水平，少数国家的国际劳工标准水平处于低位。俄罗斯、捷克、阿根廷等11个国家批准了11个公约（或议定书），总体国际劳工标准水平是很高的；其后是奥地利、阿尔巴尼亚、古巴、拉脱维亚等国家。超过半数的国家批约数量在9~11个之间，约20%的国家批约数量小于8个，而韩国、巴勒斯坦、布隆迪、叙利亚、纽埃等国家没有批约任何公约（或议定书）。因此，共建“一带一路”国家在中高国际劳工标准水平集中，在低国际劳工标准水平拖尾。

其次，按照发达国家和发展中国家区分，发达国家的整体国际劳工标准水平较高。目前，学术界对发达国家和发展中国家的界定尚不统一，本书的筛选基于黄群慧、刘学良[①]综合世界银行、国际货币基金组织、联合国和经济合作组织的标准划分的发达国家名单。在共建“一带一路”国家中，除捷克、卢森堡、葡萄牙、塞浦路斯、奥地利、

① 黄群慧，刘学良．新发展阶段中国经济发展关键节点的判断和认识［J］．经济学动态，2021（2）：3-15.

拉脱维亚、斯洛伐克、斯洛文尼亚、爱沙尼亚等16个发达国家外，其他均为发展中国家。发达国家的国际劳工标准水平均在共建“一带一路”国家平均水平以上，批约数量普遍在10个以上，水平较高。捷克、卢森堡、葡萄牙、塞浦路斯等4个国家的批约数量均为11个，奥地利、拉脱维亚、斯洛伐克、斯洛文尼亚等4个国家的批约数量均为10个。

最后，从国际劳工标准的细分项目看，共建“一带一路”国家在消除一切形式的被迫或强迫劳动、结社自由和有效承认集体谈判权方面的国际劳工标准水平较高，在有效废除童工方面水平较低。所有的共建“一带一路”国家都批准了与消除一切形式的被迫或强迫劳动相关的公约（或议定书），超过半数的共建“一带一路”国家批准了半数以上与结社自由和有效承认集体谈判权相关的公约（或议定书），具体参见附表6共建“一带一路”国家核心国际劳工组织公约批约情况（结社自由、集体谈判）。与之形成对比，最早开始受到国际劳工组织关注的童工问题却迟迟没有得到广泛的回应，9个有效废除童工的相关公约（或议定书），只有20%的国家批准了4个及以上，40%的国家只批准了2个。

第四章

国际贸易中的劳动与雇佣管制

劳工标准是否应与对外贸易挂钩已经成为具有争议性的话题。随着经济全球化的深入发展，发达国家认为发展中国家的劳工标准过于宽松，工人的权益不能得到有效保护，被随意压低的工资造成出口产品的低价，构成劳动力倾销。因此，发达国家主张，在国际投资和贸易活动中应关注劳工问题，并力图在世界贸易组织等多边机构制定的贸易规则中加入涉及劳工标准等问题的社会条款；而发展中国家则反对这种提议，因为廉价劳动力是这些国家经济发展的重要因素。

由于多边机构无法通过包含劳工条款的贸易条约，近年来，一些发达国家选择在双边或地区贸易协议中加入劳工条款，这些劳工条款主要分为条件性和促进性两种。①条件性劳工条款多呈现“遵守奖励，违背惩罚”的特征。美国的工会组织就利用贸易协议的争端处理机制来控告贸易伙伴国违反劳工条款，《美国-新加坡自由贸易协定》中规定，若一国不能有效执行法律，将受到最高为1 500万美元的罚金惩罚②。促进性劳工条款则主要集中在监督和能力建设方面，越南与欧盟签署《欧盟-越南自由贸易协定》（EVFTA）的前提便是承诺通过立法改革等方式提高劳工标准，在2021年《越南劳动法》（修正案）中，有多处借鉴了欧盟的劳工标准。③

中国长期以来坚持不得将劳工标准用于贸易保护主义目的这一立场，这使得中国在同一些发达国家进行贸易或者签署区域贸易协议时遇到困难和阻碍。除此以外，保护劳动者个人权益、丰富完善劳工标准也是当今各国完善劳动力市场的趋势。因此，研究国际组织、东道国劳动与雇佣管制，并分析其对中国贸易的影响是十分必要的。

---

① 荣四才．“公平贸易”中的劳工标准——浅述贸易和投资条约中的劳工标准问题［J］．中国劳动关系学院学报，2014（3）：1-6.

② 美国国际贸易管理局．美国-新加坡自由贸易协定［EB/OL］．［2024-03-26］．https：//www.trade.gov/us-singapore-free-trade-agreement#：~：text=The%20U.S.-Singapore%20Free% 20Trade% 20Agreement% 20%28FTA% 29%20has% 20helped， trade% 20that%20encourages%20a%20high%20level%20of%20liberalization.

③ 班小辉，苌雅洁．FTA对共建“一带一路”国家劳工标准的影响与我国应对策略——以越南2021年《劳动法》为视角［J］．国际经济法学刊，2021（1）：101-118.

第一节　劳动与雇佣管制及国际贸易

本部分将详细介绍国际劳工组织核心劳工标准与各类国际贸易准则中关于劳动与雇佣管制的内容。

一、国际劳工组织核心劳工标准

国际劳工组织在1998年发布的《关于工作中基本原则和权利宣言及其后续措施》确定了4项核心劳工标准。2022年6月举办的第110届国际劳工大会通过决议，将“安全和健康的工作环境”纳入其中，成为第五项基本原则和权利。①

（1）结社自由和有效承认集体谈判权利；

（2）消除一切形式的强迫或强制劳动；

（3）有效废除童工；

（4）消除就业与职业歧视；②

（5）安全和健康的工作环境。③

前4项核心劳工标准④成为日后众多国家、国际组织在签署贸易协议或制定相关政策涉及劳工标准时的依据。当今一些发达国家所提倡的社会条款也大多以此为基础。第五项核心劳工标准也在国际经贸关系中发挥着重要作用。

---

① ILO. Conventions, Protocols and Recommendations [EB/OL]. [2023-05-23]. https: //www. ilo. org/global/standards/introduction-to-international-labour-standards/conventions-and-recommendations/lang--en/index.htm.

② ILO.The Text of the Declaration and its Follow-up [EB/OL]. [2023-04-09] https: //www.ilo.org/declaration/thedeclaration/textdeclaration/lang--en/index.htm.

③ 该核心标准体现在《职业安全和卫生及工作环境公约》（第155号公约）和《促进职业安全与卫生框架公约》（第187号公约）之中。

④ 该4项核心劳工标准体现在8个国际劳工公约中，包括1948年《结社自由与保护组织权利公约》（第87号公约）和1949年《组织权和集体谈判权利公约》（第9号公约）、1930年《强迫劳动公约》（第29号公约）和1957年《废除强迫劳动公约》（第105号公约）、1951年《同工同酬公约》（第100号公约）和1958年《就业和职业歧视公约》（第111号公约）、1973年《最低年龄公约》（第138号公约）和1999年《最差形式的童工公约》（第182号公约）。

“安全和健康的工作环境”旨在通过推广预防原则，加强国家和社会场所的社会对话，为建立安全和健康的工作环境提供蓝图。2023年4月28日是世界职业安全与健康日，有关机构审查核心公约实施现状时发现，所有成员国均有负责职业安全与健康的国家主管部门或机构，近一半国家制定了国家级职业安全与健康政策，但只有1/3的成员国拥有与时俱进的国家职业安全与健康计划。同时还发现，大约70%的成员国有法律或政策保护工人在不受报复的情况下脱离危险境地。①《中华人民共和国劳动法》起到了劳动安全卫生领域的基本法作用，也是我国制定各项劳动安全卫生专项法律的依据。

目前，我国劳工标准的一些规定仍存在局限性，缺少世界范围内的通用性，主要体现在工会组织、集体谈判权以及罢工权等方面。在4项核心劳工标准所涉及的8个国际劳工公约中，我国尚未通过结社自由及有效承认集体谈判权、消除一切形式的强迫或强制劳动这两项核心劳工标准的相关内容，仅通过了第100号公约、第111号公约、第138号公约和第182号公约。

国际劳工组织规定劳动者和雇主享有结社权，同时突出其行使的自由性。我国只规定了工会是自愿结合的工人阶级的群众组织，具有较为明显的阶级性和政治性，在一定程度上缺乏独立性。

国际劳工组织规定集体谈判权是指劳动者拥有通过工会来争取和捍卫自己利益的权利。集体谈判所指的工人是指其工资或就业条件由一项或多项集体协议决定的工人，其范围包括集体协议所涵盖的所有工人，以及前几年缔结但仍然有效的集体协议所涵盖的工人。②在我国，由于工会具有相对独立性，用人单位团体也经常“缺位”，集体

① ILO. Implementing a Safe and Healthy Working Environment: Where are We Now? [M]. Geneva: ILO, 2023.

② ILO. 指标说明劳资关系［EB/OL］.［2024-01-15］. https://ilostat.ilo.org/resources/concepts-and-definitions/description-industrial-relations.

协商权难以真正落实。①

罢工是由一个或多个工人群体进行的临时停工，目的是提出要求或表达不满，或支持其他工人的诉求。我国在1982年修改宪法后删除了工人自由罢工权，并对此权利采取回避态度，而罢工权与结社权联系甚密，前者的缺失将严重影响后者的行使。

二、《跨太平洋伙伴关系协定》中的劳动雇佣条款

《跨太平洋伙伴关系协定》（Trans-Pacific Partnership，TPP）是在《跨太平洋战略经济伙伴关系协定》（Trans-Pacific Strategic Economic Partnership，TPSEP）的基础上发展演变而来的，有12个成员国。这项协议不仅对亚太地区的经济贸易和亚洲区域经济合作机制产生了重大影响，而且对世界贸易组织多边贸易体制形成了不可低估的冲击，同时，对我国自由贸易区建设和对外贸易投资带来挑战。

《跨太平洋伙伴关系协定》共有30章，其中第19章为劳工章节，共有15个条款。第19.1条明确规定TPP的缔约方应遵循国际认可的劳工权利的相关法律法规，主要有：②

（1）结社自由和有效承认集体谈判权利；

（2）消除一切形式的强迫或强制劳动；

（3）有效废除童工，禁止最恶劣形式童工及其他对儿童和未成年人的劳工保护；

（4）消除就业与职业歧视；

（5）与最低工资、工作时长、职业安全与卫生相关的可接受的工

① 卢亚娟. TPP劳工标准对中国的影响及其对策研究［J］. 法制与社会，2016（8）：253；257.

② 商务部贸研院. 跨太平洋伙伴关系协定（TPP）中译文［EB/OL］.［2023-09-26］. http：//fta.mofcom.gov.cn/article/fzdongtai/201512/29714_1.html.

作条件。[①]

与国际劳工组织的核心劳工标准相比，《跨太平洋伙伴关系协定》明确增加了对最低工资、工作时长、职业安全与健康方面的劳工标准。此项标准在第19.3条“劳工权利”中再次被强调。此条款使得许多发展中国家加入TPP的门槛进一步提高，中国在加入TPP的进程中也受到了影响。

我国目前尚未批准通过《结社自由与保护组织权利公约》、《组织权和集体谈判权公约》、《废除强迫劳动公约》以及《强迫劳动公约》，虽然我国制定了相关的工会法、劳动法等法律法规，但其约束力和适用范围与以上公约相比仍有较大差距。

根据《跨太平洋伙伴关系协定》第19.6条“强迫或强制劳动”的规定，每一缔约方认识到消除包括强迫或强制童工在内所有形式强迫或强制劳动的目标。考虑到缔约方就此已承担了第19.3条（劳工权利）中的义务，每一缔约方还应通过其认为合适的举措，阻碍从其他来源进口全部或部分通过包括强迫或强制童工在内的强迫或强制劳动的产品。[②]

这不仅意味着尚未批准通过取消强制劳动的中国在加入TPP时有一定困难，更意味着中国在同TPP缔约国进行贸易时有可能受到抵制。这将对中国的出口贸易，尤其是一些劳动密集型产品的出口产生重大不利影响。

第19.10条“合作”规定，各缔约方深入推进劳工事务的共同承诺，合作领域包括薪酬制度、职业安全与健康等。从文本内容来看，关于薪酬制度和职业安全与健康尚处在合作讨论阶段，没有

---

① 商务部贸研院. 跨太平洋伙伴关系协定（TPP）中译文［EB/OL］.［2023-09-26］. http：//fta.mofcom.gov.cn/article/fzdongtai/201512/29714_1.html.

② 商务部贸研院. 跨太平洋伙伴关系协定（TPP）中译文［EB/OL］.［2024-05-16］. http：//fta.mofcom.gov.cn/article/fzdongtai/201512/29714_1.html.

纳入必须遵守的条款中去。TPP号称“高质量、21世纪的协议”，其标准必定比其他贸易协定高，但是，TPP有一个独特之处，就是其成员国处于不同的经济发展水平，其中既包括了世界最大的经济体，也包括了中等收入水平国家。一方面，所有成员国都清楚，TPP不可能为发展中成员国制定任何明确的特殊待遇；另一方面，最终协议中应当包含一些特殊的规定，以反映不同成员国处于不同发展阶段的特点。

三、《全面与进步跨太平洋伙伴关系协定》中的劳动雇佣条款

《全面与进步跨太平洋伙伴关系协定》（CPTPP）是在美国退出TPP之后，由日本、加拿大等国在TPP的基础上进一步协商组成的自由贸易区。中国在2021年9月16日正式提出申请加入《全面与进步跨太平洋伙伴关系协定》。[①]英国已于2023年3月31日获准加入CPTPP[②]。

《全面与进步跨太平洋伙伴关系协定》作为TPP的进一步发展，保留了TPP核心规则框架体系和95%的条款内容。其中，劳工标准文本完全继承了TPP的内容，其管制的高标准和强执行力并没有受到美国退出的影响[③]。

CPTPP第19章对劳工标准做出规定，涵盖劳工权利、不得减损所要求的劳工权利、劳动法的执行、强迫或强制劳动、企业社会责任、公众意识和程序保障、劳动理事会、联络点、劳动磋商等内容，同时还在第28章对争端解决做出了规定[④]。

---

① 商务部．中方正式提出申请加入《全面与进步跨太平洋伙伴关系协定》［EB/OL］．［2023-04-14］．https：//wap.peopleapp.com/article/6309196/6201917.

② CPTPP国际中心．背景［EB/OL］．［2024-04-14］ https：//www.cptppcentre.org/zh.

③ 刘小鸽．我国劳工标准对接CPTPP规则的挑战与举措［J］．全球化，2022（4）：85-92；134-135.

④ 李西霞．论CPTPP有执行力劳工标准及中国的应对措施［J］．中国劳动关系学院学报，2021（4）：42-50.

CPTPP对于劳工标准的要求对进出口贸易有较大影响，特别是其限制进口强迫或强制劳动生产的货物。CPTPP要求缔约国承担消除强制劳动的义务，并将阻碍商品进口措施作为消除强迫劳动的具体手段，同时，该协议并没有限定强迫劳动生产的商品的来源国范围。这就意味着，CPTTP会对非缔约国的外贸造成直接影响，产生外溢效应。与大部分缔约成员国相比，我国没有通过有关强制劳动方面的公约，这就使相关国家可以利用国际劳工标准形成贸易壁垒，阻碍我国的正常货物贸易，见表4-1。

表4-1　**我国与CPTPP部分缔约国批准的核心劳工公约①比较**

类项与公约编号 / 成员国	结社自由和集体谈判权		禁止强迫劳动		消除童工		禁止歧视	
	87	98	29	105	138	182	100	111
澳大利亚	是	是	是	是	否	是	是	是
加拿大	是	是	是	是	是	是	是	是
日本	是	是	是	否	是	是	是	否
墨西哥	是	是	是	是	是	是	是	是
新西兰	否	是	是	是	否	是	是	是
新加坡	否	是	是	否	是	是	是	否
越南	否	是	是	否	是	是	是	是
文莱	否	否	否	否	是	是	否	否
智利	是	是	是	是	是	是	是	是
马来西亚	否	是	是	否	是	是	是	否
秘鲁	是	是	是	是	是	是	是	是

资料来源：李雪平.人类命运共同体理念的南极实践：国际法基础与时代价值［J］. 武大国际法评论，2020，4（5）：1-18.

① 国际劳工组织于2022年将“安全和健康的工作环境”纳入基本权利之中，第155号公约和第187号公约被纳入核心劳工公约。此处仅讨论前4项基本权利和前8个核心劳工公约。

需要注意的是，由于越南国内劳工标准与CPTPP所要求的水平相差甚远，越南同其他CPTPP缔约国另行签订了附属文件，规定了争端解决程序有关制裁性措施的例外，这也为我国未来加入CPTPP提供了一种可借鉴的方式。

四、非共建“一带一路”国家国际组织中的劳动雇佣条款

《北美自由贸易协定》（NAFTA）是全球首个明确涉及劳工标准并做出详细规定的自贸协定[①]。在此基础上重新谈判形成的《美国-墨西哥-加拿大协定》（USMCA）是美国政府高度重视的自由贸易协定，于2020年7月1日生效。相比《北美自由贸易协定》，《美国-墨西哥-加拿大协定》有更为明显的区域性，体现单边主义倾向，在一定程度上有“封锁”中国的意思。其劳工条款的规定更为具体，层次更深，条目更详细。

在《北美自由贸易协定》中，正文并没有提及劳工章节，而是通过附属协议，即《北美劳工合作协定》（NAALC）来处理劳工与贸易问题，主要涉及成员国的目标和义务、组织机构、争端解决机制等。其中，在成员国的目标和义务方面，共规定了11项劳工原则：[②]

（1）结社自由和保护组织权；

（2）集体谈判的权利；

（3）罢工权；

（4）禁止强迫劳动；

（5）对儿童和青年人的劳动保护；

（6）最低限度就业标准；

---

① World Trade Law. The North American Agreement on Labor Cooperation [EB/OL]. [2024-05-16]. https://www.worldtradelaw.net/document.php?id=nafta/naalc.pdf&mode=download.

② 李西霞. 自由贸易协定中劳工标准的发展态势 [J]. 环球法律评论，2015（1）：165-175.

（7）消除就业歧视；

（8）男女同工同酬；

（9）预防工伤和职业病；

（10）对工伤和职业病的补偿；

（11）保护移民工人。

《北美劳工合作协定》强调在提高现有国内法律的效力方面进行合作，它既不需要制定新的法律，也不必对未来的法律加以限制；由所设劳工合作委员会（CLC）及由各国劳工部部长组成的部长理事会监督协议的执行情况。同时，各国被要求成立一个国家监督办公室（NAO）以收集信息。如果人们认为某项国内劳动法没有被执行，可以向该国的国家监督办公室提出申诉。①

继《北美自由贸易协定》之后，美国将《北美劳工合作协定》模式应用到与其他国家，如与约旦（2000）、中美洲国家（CAFTA，2004）、澳大利亚（2005）及韩国（2012）等签订的双边和区域性贸易协定中。在这些协定中，批约国家都宣称将通过执行各自国家的劳动法尊重国际劳工组织的核心劳工标准。②

《美国-墨西哥-加拿大协定》在《北美劳工合作协定》所述的11项劳工原则基础上进行了扩展和具化，新增了强迫劳动、暴力侵害工人、移民工人和工作场所基于性别歧视等相关内容。

（1）缔约方认识到消除一切形式的强迫或强制劳动，包括强迫或强制童工的目标。因此，每一方应禁止从由强迫或强制劳动（包括强迫或强制童工）生产的全部或部分生产的其他来源进口货物进入其领土。③

---

① 巴德．劳动关系：寻求平衡［M］．于桂兰，于米，于楠，等译．4版．北京：中国工人出版社，2018：402.

② 巴德．劳动关系：寻求平衡［M］．于桂兰，于米，于楠，等译．4版．北京.中国工人出版社，2018：405.

③ 参见《美国-墨西哥-加拿大协定》第23.6条（强迫或强制劳动）。

为协助执行上述条款，双方应建立合作，以查明第23.12.5（c）条（合作）[①]所规定强迫劳动生产的货物的转移情况。[②]

（2）保障工人和劳工组织在行使劳动权利时免于受到暴力、威胁和恐吓。[③]

（3）缔约方要认识到移民工人在劳动保护方面的脆弱性，因此，每一方应确保移民工人受其劳动法的保护，无论他们是公民还是非公民。[④]

（4）要求缔约国实施保护工人免受基于性别的就业歧视政策，并明确规定了保护范围，具体包括怀孕、性骚扰、性取向、性别认同和照顾责任、产假／收养假和照顾家庭成员假，以及工资歧视。[⑤]

《美国-墨西哥-加拿大协定》还对《北美劳工合作协定》中的部分劳工标准进行了加注解释：在结社自由与罢工权中，规定了两者的关系，“罢工权与结社自由权有关，如果不保护结社自由权，罢工权就无法实现”。[⑥]

在最低工资标准中，规定“为了更加确定，政党的劳动法中关于‘最低工资的可接受工作条件’包括该政党的劳动法，要求向工人提供与工资相关的福利金，或代表工人支付福利金，例如以利润分享、奖金、退休和医疗保健为目的的工人”。[⑦]

《美国-墨西哥-加拿大协定》中的劳动与雇佣管制对中国对外贸

---

① 第23.12.5（c）条原文为：Collaborative research and development related to best practices in subjects of mutual interest.

② 参见《美国-墨西哥-加拿大协定》第23.6条（强迫或强制劳动）。

③ 参见《美国-墨西哥-加拿大协定》第23.7条（对工人的暴力）。

④ 参见《美国-墨西哥-加拿大协定》第23.8条（移徙工人）。

⑤ 参见《美国-墨西哥-加拿大协定》第23.9条（工作场所的歧视）。

⑥ 参见《美国-墨西哥-加拿大协定》第23.3条（劳工权利）脚注6：For greater certainty, the right to strike is linked to the right to freedom of association, which cannot be realized without protecting the right to strike.

⑦ 参见《美国-墨西哥-加拿大协定》第23.1条（定义）脚注1：For greater certainty, a Party's labor laws regarding "acceptable conditions of work with respect to minimum wages" include requirements under that Party's labor laws to provide wage-related benefit payments to, or on behalf of, workers, such as those for profit sharing, bonuses, retirement, and healthcare.

易有重要影响。如果不能建立可以执行的劳工标准，达到相关要求，便无法加入自由贸易协定，从而不能享受贸易中的有关优惠政策。[①]

《美国-墨西哥-加拿大协定》第23.6条要求签字国采取适当措施，禁止从其他来源进口全部或部分通过强迫劳动（包括强迫或强制童工）生产的产品。所谓“其他来源”，是指除签字国以外的所有国家，即三个签字国依照该协议而禁止从非协议国进口有强迫劳动生产可能的产品，这甚至成为了贸易谈判中的筹码。这对未批准部分公约的中国的出口贸易无疑会产生一定的冲击。

第二节　中国贸易协议与共建“一带一路”国家劳工标准

一、越南

近年来，越南在对外贸易方面取得了许多成果，同多个发达国家签署了自由贸易协定（FTA），成功签署了《欧盟-越南自由贸易协定》，签署并加入了《全面与进步跨太平洋伙伴关系协定）》，但其签署加入的前提是承诺通过立法改革等方式提高劳工标准，为此，2019年通过了《越南劳动法》（修正案），此法案自2021年1月1日起生效。

在《越南劳动法》（修正案）中，越南主要在劳动法的适用范围、劳动合同的稳定性、延长工作时间制度、女性职工权益、劳动者代表组织以及劳动者集体谈判权方面进行了调整。

（1）将劳动法的适用范围扩大到“无劳动关系的劳工、实习生、学徒和其他工人”；

① 李西霞.《美墨加协议》劳工标准的发展动向及潜在影响［J］. 法学，2020（1）：183-192.

(2) 承认电子劳动合同和书面劳动合同有同等效力，缩短口头劳动合同的适用期限，简化劳动合同的类型并完善试用期规定；

(3) 在延长劳动时间方面，2021年《越南劳动法》仅将每月的加班时间上限从30小时延长至40小时，但每年的加班时间上限保持不变；

(4) 延长了男女劳动者退休年龄，男性由60周岁延长至63周岁，女性由55周岁延长至60周岁；

(5) 删除了“直接上级工会对基层工会指导”的规定，建立独立的劳动者代表组织，保障劳动者享有真正的自由结社权；

(6) 在原有的可进行集体谈判的四类事项（工资薪金、工作休息时间、就业保障和职业安全）基础上，增加了劳动者代表组织的条件及运作方式、用人单位与内部劳动者代表组织之间的关系，预防和解决劳资纠纷的机制和方法，确保性别平等、年假、产假及预防工作场所的暴力和性骚扰等三类事项。①

在越南签署的FTA中，以EVFTA为例，越南作为发展中国家，在与欧盟进行双边FTA谈判时，并未将环境和劳工等非贸易议题排除在谈判内容之外，而是积极促进该领域的发展与进步；在与欧盟磋商后，做出专章规定，以有利于保护环境和保障劳工权利。EVFTA设置了较高水平的劳工保护标准。国际劳工组织与亚欧会议（Asia-Europe Meeting，ASEM）是欧盟和越南进行“劳工权利保护”的主要平台，双方在协定中承诺实现可持续发展。双方在“多边劳工标准和协议”条款中承诺，保证全体劳工，包括妇女和儿童从事充分且具生产性活动的权利，在此基础上促进双边贸易不断发展。对于劳工的基本工作权利，双方承诺，将依据国际劳工组织成员国之间的义务标

---

① 班小辉，苌雅洁. FTA对共建“一带一路”国家劳工标准的影响与我国应对策略——以越南2021年《劳动法》为视角［J］. 国际经济法学刊，2021（1）：101-118.

准，并依据国际劳工组织《关于工作中基本原则和权利宣言及其后续措施》，对结社自由、集体谈判、禁止任何形式的强迫或强制劳动、有效废除童工及有效废除环境和职业歧视等达成一致意见。劳工权利主要包括结社自由与对集体议价权的有效承认、消除各种形式的强制或强迫劳动、有效废除童工及消除用工与职业歧视。欧盟和越南在协定中对劳工问题也做出了限制性规定，即关于劳工保护和劳工标准的规定不得以保护一方贸易为目的。

二、中国签署的自由贸易协定与劳工权益保护条款

截至2023年9月，我国已经与28个国家和地区签署了21个自由贸易协定，与65个国家标准化机构和国际组织签署了107个标准化合作协议。其中，有5个自由贸易协定不同程度地纳入了劳工权益保护条款。

1.《中华人民共和国政府和智利共和国政府自由贸易协定》

在该协定的第十三章“合作”部分，第一百零八条“劳动、社会保障和环境合作”规定，缔约双方应该通过劳动和社会保障合作谅解备忘录及环境合作协议增强缔约双方在劳动、社会保障和环境方面的交流与合作。[①]

2.《中华人民共和国政府与秘鲁共和国政府自由贸易协定》

在该协议中的第十四章“合作”部分，第一百六十一条规定，劳务合作缔约双方应当在《中华人民共和国政府与秘鲁共和国政府间劳务合作谅解备忘录》框架下，促进在劳务、社会安全以及环境问题方面的沟通与合作。[②]

① 商务部. 中华人民共和国政府与智利共和国政府自由贸易协定［EB/OL］.［2023-12-26］http：//fta.mofcom.gov.cn/chile/xieyi/myxd_cn.pdf.

② 商务部.中华人民共和国政府与秘鲁共和国政府自由贸易协定［EB/OL］.［2023-02-27］. http：//fta.mofcom.gov.cn/bilu/annex/bilu_xdwb.pdf.

3.《中华人民共和国政府和冰岛政府自由贸易协定》

在该协议中，第九章“合作”部分，第九十六条“劳动和环境保护”规定：“一、双方应加强在劳动问题上的沟通与合作；二、双方将根据《中华人民共和国国家环境保护总局与冰岛共和国环境部环境合作谅解备忘录》进一步加强沟通与合作。”①

4.《中华人民共和国政府和新西兰政府自由贸易协定》

在该协议第十四章“合作”部分，第一百七十七条“劳动与环境合作”规定，双方应当通过《劳动合作谅解备忘录》和《环境合作协议》，加强双方在劳动和环境问题上的交流与合作。②通过加强两国在劳工领域的合作，促进两国的经济与政治联系，反对利用劳工条款的贸易保护主义。

5.《中华人民共和国和瑞士联邦自由贸易协定》

在该协议的第十三章“经济技术合作”部分，第13.5条“劳工和就业合作”规定，缔约双方将根据2011年6月15日在伯尔尼签订的《中华人民共和国人力资源和社会保障部与瑞士联邦经济事务部劳动和就业领域合作谅解备忘录》，以及于2013年7月6日在北京签订的《中华人民共和国人力资源和社会保障部与瑞士联邦经济事务、教育和研究部劳动和就业领域合作协议》，加强缔约双方在劳工和就业领域的合作。③

对比中国签署的自由贸易协定和《跨太平洋伙伴关系协定》以及《美国-墨西哥-加拿大协定》，可以看出，中国签署的自由贸易协定并没有将劳工条款单独列出，没有使其成为一个章节纳入协议之中，

① 商务部. 中华人民共和国政府与冰岛政府自由贸易协定［EB/OL］.［2023-02-27］. http://fta.mofcom.gov.cn/iceland/xieyi/xieyizw_cn.pdf.

② 商务部. 中华人民共和国政府与新西兰政府自由贸易协定［EB/OL］.［2023-02-27］. http://fta.mofcom.gov.cn/newzealand/doc/wenben/wenben_cn.pdf.

③ 商务部. 中华人民共和国政府与瑞士联邦自由贸易协定［EB/OL］.［2023-02-27］. http://fta.mofcom.gov.cn/ruishi/xieyi/xieyizw_cn.pdf.

而是将劳工条款作为一条规定，融入“合作”章节，并与另一个国家签署“合作备忘录”“合作协定”等文件，形成一个框架，使得日后的劳工合作顺利运行。这显示了我国面对劳工条款时，更多的是选择将合作作为主要方法，同时注重两国后续合作的磋商，重视保护两国劳动者的权利与切实利益。尤其需要强调的是，中国签署的自由贸易协定明确规定双方的劳工条款不应以贸易保护主义为目的，并反对为了促进贸易和投资而弱化或减少中国与签署国国内劳动法律、法规、政策和实践提供的保护。

除此之外，中国在自由贸易协定中，在基于本国国情的前提下，积极履行国际劳工组织规定的义务，在与其他国家磋商后，不断提升国内劳工保护水平，改善劳工工作条件和环境。人力资源和社会保障部与国际劳工组织签署了合作谅解备忘录，其目的是在国际劳工组织“体面劳动目标”的基础上，针对国际劳工标准和国际劳工组织《关于工作中基本原则和权利宣言及其后续措施》、就业、社会保护以及社会对话领域，[①]制订国际劳工组织与中华人民共和国劳动和社会保障部的合作计划，以支持中国国内改革和全球范围的社会进步。

三、共建“一带一路”国家劳动条件标准的国别比较研究

1.共建“一带一路”国家最低工资水平的比较

最低工资标准是劳动力市场的重要制度之一，涉及企业的用工成本、劳动者的收入、劳动生产率以及社会效益等多个方面，同时也影响企业的利润空间以及人力资源管理的工资激励。基础设施投资是“一带一路”建设的主要内容，需要大量的劳动者，受最低工资标准影响较大。

① 佚名. 中华人民共和国劳动和社会保障部与国际劳动工局合作谅解备忘录［J］. 劳动保障通讯，2001（6）：4-5.

绝大部分共建“一带一路”国家是发展中国家，劳动力资源丰富，国家经济发展主要依靠劳动密集型产业。同时，这些国家经济发展水平较低，劳动力成本同样处于较低的水平。根据国际劳工组织开展的全球最低工资状况调研，在发展中国家，最低工资标准逐渐成为大部分底层劳动者的实际工资，有些国家的实际工资仅比最低工资略高。因此，通过比较最低工资水平，可以在很大程度上了解一国劳动力的成本，对我国参与“一带一路”建设企业具有极其重要的意义。

本书通过对国际劳工组织网站公布的数据、我国商务部驻外使馆经济商务参赞处第一手资料的整理，统计汇总了56个国家2016年的最低工资标准，见表4-2。其中，伊拉克和黎巴嫩两国的最新数据是2015年的。在统计的56个国家中，最低工资标准最低的国家是吉尔吉斯斯坦，其最低工资标准仅为16.35美元/月；其次是乌兹别克斯坦，其最低工资标准为43.70美元/月。最低工资标准最高的是以色列，其最低工资标准达到了1 371.00美元/月；其次是塞浦路斯，其最低工资标准为914.80美元/月。最低工资标准最高和最低的国家之间，差距达到1 354.65美元/月。印度和印度尼西亚的最低工资标准位于中位数前后，其最低工资标准分别为227.00美元/月和230.10美元/月。我国在已有统计国家中排在第28位，最低工资标准为236.45美元/月，略高于印度尼西亚和印度两国。根据统计结果，虽然各国的最低工资标准存在较大差异，但主要集中在55美元/月、115美元/月、230美元/月、450美元/月和850美元/月这几个值附近。

最低工资标准在300美元/月以下的国家有37个，占已有统计国家的66.1%。其中，中国周边国家包括所有的东南亚国家、中亚国家和南亚国家，都处于这个范围内。最低工资标准位于300美元/月和400美元/月之间的国家仅有黑山和巴勒斯坦两个小国。最低工资标准位于400美元/月和500美元/月之间的国家中，除了西亚的黎巴嫩之外，其余都是中东欧国家。最低工资标准位于600美元/月至700美元/月区间内的国家暂无。最低工资标准位于700美元/月至1 400美元/月的高水平区间的，共有7个国家，除了中东欧的斯洛文尼亚和希腊以外，其余5个国家都是西亚国家，分别是阿曼、以色列、科威特、塞浦路斯和沙特阿拉伯。其中，以色列、塞浦路斯、斯洛文尼亚和希腊均属于发达国家，其社会保障体系较为完善，最低工资标准较高。科威特、阿曼和沙特阿拉伯三国虽不是发达国家，但由于石油资源丰富，人均GDP水平处于世界前列，其平均工资也处于较高水平，在正规就业部门实施较高最低工资标准也是这些石油国家的一大特点。

最低工资标准是衡量各国经济发展与人工成本的重要指标，也能够反映出共建“一带一路”国家在经济发展水平与人工成本方面与我国的显著差异。

较低的工资水平有利于企业形成和谐的劳动关系，较高的工资水平则增加了内部激励的难度。人工成本是企业经营成本的一部分，人工成本降低将显著提高劳动密集型企业的产品竞争力。此外，劳动成本不仅限于最低工资标准，还受到工作时间、加班工资和制度差异等其他劳动条件标准的影响。

表4-2　共建“一带一路”国家最低工资标准

国家	最低工资（美元/月）	国家	最低工资（美元/月）
中国	236.45	伊朗	185.80
蒙古国	98.00	约旦	268.00
越南	136.50	以色列	1 371.00
缅甸	65.00	阿曼	845.00
泰国	281.00	埃及	172.00
老挝	110.80	伊拉克	214.00

续表

国家	最低工资（美元/月）	国家	最低工资（美元/月）
菲律宾	250.50	叙利亚	175.00
柬埔寨	140.00	黎巴嫩	450.00
马来西亚	280.00	土耳其	498.85
印度尼西亚	230.10	科威特	890.00
印度	227.00	格鲁吉亚	53.60
尼泊尔	93.00	阿塞拜疆	134.00
巴基斯坦	114.30	亚美尼亚	113.50
孟加拉国	68.00	塞浦路斯	914.80
斯里兰卡	55.00	巴勒斯坦	377.00
波兰	476.80	沙特阿拉伯	798.00
乌克兰	114.70	希腊	720.00
黑山	303.20	俄罗斯	124.00
捷克	428.40	匈牙利	433.70
立陶宛	400.00	北马其顿	205.30
白俄罗斯	117.90	摩尔多瓦	50.40
保加利亚	247.70	克罗地亚	455.80
爱沙尼亚	494.70	罗马尼亚	289.50
塞尔维亚	262.83	斯洛伐克	457.90
拉脱维亚	400.00	斯洛文尼亚	847.40
阿尔巴尼亚	187.60	乌兹别克斯坦	43.70
塔吉克斯坦	51.00	哈萨克斯坦	73.38
吉尔吉斯斯坦	16.35	土库曼斯坦	186.00

资料来源：根据国际劳工组织网站数据、我国商务部驻外使馆经济商务参赞处第一手资料整理获得。

2.共建“一带一路”国家工作时间的比较

在标准工作时间规定（Normal Hours Limits）方面，共建“一带一路”国家基本上参照国际劳工组织第1号公约和第47号公约的建议来制定本国的工作时间标准。每日8小时工作制是各国现有正规就业部门所采用的标准，区别在于各国对周工作时间的确定。根据国际劳工组织NORMLEX数据库、TRAVAIL法律数据库的统计，本书共获取了57个国家的数据，见表4-3。因为共建“一带一路”国家采用的都是每日8小时的工作制度，因此每日工作时间标准是相同的，无须进行比较，但是各国在每日8小时工作制的基础上，对于每周工作时间的规定则是不同的。已有统计数据的57个国家基本上可分为3种类型：第一类国家实施每周40小时工作制度，也就是每周5个工作日的就业制度；第二类国家实施每周48小时工作制度，即每周6个工作日的就业制度；第三类国家实施每天8小时工作制度，但是每周有5天半的工作日，也就是每周44小时的工作制度。与中国相同，实施每周40小时工作制度的国家有31个，占已有统计数据国家的54.39%。越南、印度、泰国、老挝、菲律宾和沙特阿拉伯等23个国家实施每周48小时工作制度，即每周6个工作日，占已有统计数据国家数量的40.35%。文莱、新加坡和伊朗3个国家实施每周44小时的工作制度。新加坡和文莱的劳工法规定劳动者每周工作5天半，而伊朗的工作时间是每周的周六到下周的周三，以及周四的半天时间。在伊斯兰国家中，基本上周五是休息日，其他时间才是工作时间，这也是其在工作时间上与其他国家不同的地方。在工作时间标准方面还有其他特殊情形。例如，拉脱维亚和印度尼西亚两个国家的周工作时间均为40小时，但两国在具体实施时还有其他的规定。第一种规定是：如果采用每天8小时工作制则每周需工作5天，每周总的工作时间为40小时。第二种规定是：如果采用每周工作6天的方式，则每日需工作7小时，每周总的工作时间同为40小时。

表4-3 共建“一带一路”国家法定工作时间（日/周）标准汇总表

国家	法定工作时间（小时）	国家	法定工作时间（小时）
中国	8/40	伊朗	8/44
蒙古国	8/40	约旦	8/48
越南	8/48	巴林	8/48
泰国	8/48	埃及	8/48
老挝	8/48	伊拉克	8/40
文莱	8/44	叙利亚	8/48
菲律宾	8/48	卡塔尔	8/48
柬埔寨	8/48	黎巴嫩	8/48
新加坡	8/44	阿联酋	8/48
马来西亚	8/48	土耳其	8/40
印度尼西亚	8/40	科威特	8/48
缅甸	8/48	格鲁吉亚	8/40
印度	8/48	亚美尼亚	8/40
尼泊尔	8/48	塞浦路斯	8/48
阿富汗	8/40	沙特阿拉伯	8/48
巴基斯坦	8/48	马尔代夫	8/48
孟加拉国	8/48	捷克	8/40
斯里兰卡	8/48	希腊	8/40
波兰	8/40	俄罗斯	8/40
波黑	8/40	匈牙利	8/40
乌克兰	8/40	北马其顿	8/40

续表

国家	法定工作时间（小时）	国家	法定工作时间（小时）
立陶宛	8/40	摩尔多瓦	8/40
白俄罗斯	8/40	克罗地亚	8/40
保加利亚	8/40	罗马尼亚	8/40
爱沙尼亚	8/40	斯洛伐克	8/40
塞尔维亚	8/40	斯洛文尼亚	8/40
拉脱维亚	8/40	哈萨克斯坦	8/40
塔吉克斯坦	8/40	乌兹别克斯坦	8/40
土库曼斯坦	8/40		

资料来源：根据国际劳工组织NORMLEX数据库、TRAVAIL法律数据库整理。

本书比较研究的是各国劳动法（典）规定的标准工作时间制度，然而在实际工作中，除了法律允许的加班时间外，仍然存在超时工作安排，这使得劳动者的实际工作时间与法律规定的标准工作时间有一定的差异。国际劳工组织的数据显示，劳动者的实际工作时间呈现“西低东高”的趋势。多数欧洲国家的劳动者的周实际工作时间其实达不到法定的标准工作时间，而东亚、东南亚和南亚国家的劳动者的周实际工作时间常常超出法定的标准工作时间5～10小时。与西方国家相比，东方国家在劳动力数量、成本、工作时间标准及加班规定上均对劳动者不利，后者的实际工作时间远超前者。除经济发展水平方面的原因外，这与传统文化、社会观念及福利水平等也有密切联系。

第三节 工会与国际组织对劳动管制的影响与主张

一、国际组织

国际组织在劳工标准的制定、规范、发展中做出了不可磨灭的贡献。国际劳工组织制定的核心劳工标准成为众多国家及国际组织劳工标准的蓝本，使劳工标准日益普及化。随着国际组织的发展，劳工标准也逐渐规范化、多样化，有利于各国劳动者维护权利，改善工作环境，提高工作效率。同时，对违反劳工标准的惩罚条款也愈发严格了，劳动管制的作用更为明显。这一方面可以有效保证劳工标准得以执行，降低国家或企业对劳工权益的侵害；另一方面也成为部分国家或国际组织用来制裁其他国家、制造贸易壁垒的手段。

在欧洲，以欧盟为主导的贸易协定在劳动管制方面主张将国际劳工组织通过的劳工标准适用于劳工争端解决机制，倾向于采用更为柔和的方式来解决劳工争议问题。欧盟模式重视劳工标准和各国比较优势之间的平衡，不强迫缔约方将劳工标准纳入国内法，不以贸易制裁为强制手段，而是同各国以较为温和的贸易鼓励来促进缔约方国内劳工标准的提升。[①]

在美洲地区，以美国为主导的《北美自由贸易协定》首次将劳工标准与国际贸易挂钩，在使劳工标准更有执行力的同时，也增加了制造贸易壁垒的风险。在《北美自由贸易协定》基础上签订的《美国-墨西哥-加拿大协定》有更为明显的区域性，体现单边主义倾向。《美国-墨西哥-加拿大协定》中的劳动管制规定更加具体，条目更为

① 刘小鸽. 我国劳工标准对接CPTPP规则的挑战与举措［J］. 全球化，2022，117（4）：85-92；134-135..

详细，尤其是在“强迫劳动”以及“自由结社”方面，涉及层次更深，惩罚更严格；对该协议以外的国家，同样可以利用《美国-墨西哥-加拿大协定》中的劳动管制条款，针对其国内的劳工标准采取停止进口的贸易制裁。

亚太地区《全面与进步跨太平洋伙伴关系协定》强调将劳工标准与贸易措施相衔接，要求缔约国在其国内法律和实践中纳入可执行的劳工标准。此类劳动管制规定与美国主导的贸易协定中的劳工条款极为相似。CPTPP将限制商品进口作为解决劳工争端的具体手段，同时利用赔偿、中止福利待遇、货币评估等临时性制裁措施来保证该协议的强制约束力。越南加入CPTPP的条件之一便是针对国内的劳工情况，修订、颁布新的《越南劳动法》以适应有关自由结社和集体谈判权以及禁止强迫劳动的劳工标准。

二、工会

工会在劳动关系中发挥着重要作用，是劳工标准的执行者、监督者，维护和保障劳动者的合法权益。不同国家的工会根据其国情，在政治、经济领域有不同的定位，对劳动与雇佣管制也有不同程度的影响。

整体来看，非洲地区共建“一带一路”国家中工会的力量普遍薄弱，在劳动管制方面的作用不是很大。在国家层面，主要通过与政府保持合作、附属或对立关系，来推动有关保护劳工权益的法律和政策出台；在行业和组织层面，主要利用集体谈判、罢工等手段来代表工人维护和争取利益；在个体层面，主要通过培训等方式来提高工人的技能。[①]但是，在非洲地区国家中，集体谈判基本没有明确的框架，

① 李欣，吴清军．社会运动工会主义的形成和发展——非洲工会的发展历程及其在劳动雇佣管制中的作用［J］．中国劳动关系学院学报，2022（5）：12-21；43.

且集体谈判覆盖率偏低，工会在集体谈判方面的影响力较弱。同时，受限于工会的组织能力和资金，工人培训活动的内容多停留在基础层面。

与此相对应，中东欧及东南亚共建“一带一路”国家工会的特点表现为：中东欧国家工会组织及雇主联合会较为强大，工会组织率比较高，在劳动管制方面，集体谈判及罢工的影响力较大；东南亚国家工会组织率相对较低，但组织力量强大，通过罢工实现劳动管制的效果具有一定的影响力。[①]中亚和南亚大部分国家工会数量较多、力量较强，南亚国家的工会主要负责劳动关系中的权益问题，而西亚国家的工会密度较高，只有塞浦路斯、阿塞拜疆等国的工会力量较强。

相比之下，在一些西欧及北美地区的非共建“一带一路”国家，工会在政治、经济生活中发挥着重要作用，劳动管制十分严格，影响力更大。特别是美国，其工会在美国的政治、经济决策和国际经贸谈判中具有较大的影响力，因此美国将劳动管制加入贸易协定之中，进而可以制造贸易壁垒以制裁其他国家。同时，工会以注重劳工权益为由，将劳工标准与人权挂钩，增强了政治影响力。美国在贸易谈判中以劳工标准和人权审查作为压制他国发展的重要手段，借此将新疆产品认定为“强迫劳动”产物，并通过《维吾尔强迫劳动预防法案》，禁止从新疆进口产品。[②]

第四节　劳动雇佣条款对中国对外贸易的限制与挑战

本书认为，各类国际贸易准则与各国口径不一的劳工标准可能给

① 石美遐，张祖杰，朱往立．“一带一路”视角下的工会问题研究［J］．中国劳动关系学院学报，2020（1）：12-19.

② 杨晶滢，陈奕平．拜登政府劳工政策及其对中美贸易谈判的影响［J］．南开学报（哲学社会科学版），2022（3）：95-104.

我国的对外贸易造成一些风险，包括区域一体化推迟、国际市场劳资矛盾深化、企业负担增加、进出口贸易受损和失业增加等。

一、推迟我国区域一体化进程，使我国对外贸易风险增加

在贸易协议中加入劳工标准，对中国现行贸易规则和利益诉求提出挑战，比如数字贸易、竞争政策、知识产权、劳工、国有企业与指定垄断、宏观政策与汇率等，提高了中国加入一些贸易协议和国际组织的门槛，推迟了我国区域一体化进程。我国对外贸易不仅无法享受协议缔约国之间的关税减免、进出口商品限制降低等待遇，还将受到劳工标准和社会条款的影响。缔约国可以利用劳工标准和社会条款对中国的产品出口进行限制，这将增加我国的贸易风险。

二、加剧劳资矛盾，不利于社会稳定

贸易协议中的劳工标准在一定程度上对健全中国劳动力市场有借鉴意义，但若全面引入相关标准，将影响现行劳资关系。例如，劳工章节中的一些条款，比如赋予工人集体谈判权，并不利于社会稳定，反而会加剧劳资双方的矛盾，可能造成社会动荡，进而影响社会稳定。[①]

三、增加企业负担，削弱竞争优势

我国劳动密集型产品占出口产品的份额较大，如果将劳工标准纳入贸易协议，劳工成本必然普遍上升，从而削弱我国产品的竞争优势。与此同时，我国的社会保障水平低于发达国家，尤其是在工作环境和工作待遇方面。一旦将贸易协议中的劳工标准运用到我国，企业

---

① 白洁，苏庆义.《美墨加协定》：特征、影响及中国应对［J］.国际经济评论，2020（6）：123-138；7.

将被迫采取措施达到相应的劳工标准。工作条件的改善和工人工资的提升必然增加企业的成本，削弱劳动密集型产业的竞争优势。

四、造成产品积压，影响出口

产品出口壁垒高筑将导致企业产能过剩和产品积压，同时，国内企业要生产出国际化产品，需要经过长时间的国际劳工标准认证。目前，我国的劳动标准与发达国家相比还有相当大的差距。延长认证时间、提高认证标准，将造成产品积压，出口产品数量降低、速度减缓等问题。贸易协定会坚持产品原产地原则，包括部件比例、使用的材料比例以及工资要求，这些变化均会抑制中国某些制造业产品的出口。

五、工作岗位减少，失业增加

一方面，中国的劳动密集型产业受到国际劳工标准的制约，这将提高企业的成本，降低就业岗位的数量；另一方面，随着用工成本的进一步提高，吸引外资投入的优势进一步被削弱，将引起资本以及外商投资外移、就业岗位进一步减少等问题。

六、削弱我国参与国际贸易分工和合作中的劳动力优势

作为人口大国，我国的劳动力数量比较优势突出，但是一些发达国家并不承认这种比较优势，它们认为我国产品的成本和竞争优势来源于我国劳动法律的不健全和对劳工权利的侵犯。发达国家在实施贸易与劳工标准联结的过程中，往往有意剥夺或者拒不承认我国的劳动力优势。比如，发达国家一再要求我国提高劳动保护水平，忽视了我国是一个人口大国这一客观因素，我国在劳动保护和人权方面每前进一步，都会付出比其他国家更大的努力。发达国家的最终目的还是使

我国的人工成本提高，从而使我国生产的产品丧失在国际市场上的竞争力。如果发达国家和其他发展中国家（尤其是东南亚国家）签订多边或者双边贸易协议，给予其他发展中国家更大的贸易优惠，就很容易产生贸易转移效应，把原本是我国的市场份额转移给其他发展中国家。

第五章

共建“一带一路”国家劳动与雇佣管制和中国对外经济合作

“一带一路”建设带来了新的贸易、投资、承包工程、劳务合作发展机遇，提高了全球和共建“一带一路”国家互联互通水平，降低了贸易成本，促进了经济增长。中国与共建“一带一路”国家双边贸易规模持续扩大，年均增长率持续处于上升态势。世界银行的研究表明，“一带一路”建设将促进全球经济额外增长0.1%，使共建“一带一路”国家收入增长3.4%；将使全球贸易成本和运输时间分别降低2.2%和2.5%，使参与经济体贸易成本和运输时间分别降低2.8%和3.2%。其中，参与“一带一路”经济走廊项目的经济体受益最大，贸易成本和运输时间分别降低10%和12%。新建设的“一带一路”交通项目将使共建“一带一路”国家的FDI增加约5%。“一带一路”建设使3 400万人摆脱中度贫困，其中共建“一带一路”国家占比达86%。美国、英国、俄罗斯等16个国家的36个国家战略智库同样从不同角度关注“一带一路”建设的战略意义。在“一带一路”建设中，中国与共建“一带一路”国家进行贸易、投资、承包工程等经济合作，为其经济增长、创造就业机会、提高就业质量、提升就业结构做出了积极贡献。

第一节　中国对共建“一带一路”国家劳务合作和承包工程进展

共建“一带一路”国家的人口总量存在巨大差异，劳动力供应规模和质量也参差不齐，因此，在对外经济合作中，我国采取派出本土员工与雇用当地劳动力相结合的方式，从人力资源层面切实支持“一带一路”的发展与合作。从派出规模的演变趋势来看，2013—2021年，中国对外承包工程、劳务合作总体规模有所降低，累计派出规模超过千万。中国对外承包工程、劳务合作在外人数和雇用东道国人数见表5-1。

表5-1 **中国对外承包工程、劳务合作在外人数和雇用东道国人数情况表**

单位：万人

年度	雇用所在国人员数量	对外劳务合作派出人数	对外劳务合作在外人数	对外承包工程派出人数	对外承包工程在外人数
2013	65	26	48	27	37
2014	75	30	60	27	41
2015	73	28	62	25	41
2016	70	26	60	23	37
2017	74	30	60	22	38
2018	84	27	61	23	39
2019	78	28	62	21	37
2020	—	16	35	14	27
2021	—	19	33	13	26

资料来源：根据《中国对外投资合作发展报告2013—2017》《中国对外承包工程发展报告2017—2018》《中国对外劳务合作发展报告2019—2020》《中国统计年鉴2013—2022》整理。

2013—2021年，中国对外承包工程完成营业额逐年上升，但对外经济合作派出人数有所下降，特别是对外承包工程派出人数呈现逐年递减的趋势。9年来，中国对外承包工程完成营业额由1 371亿美元增加到1 550亿美元，增加了近180亿美元，增长13%；对共建“一带一路”国家承包工程完成营业额增长较快，由654亿美元增加到897亿美元，增加了243亿美元，增长37%。然而，对外承包工程派出人数却由27.1万人下降到13.3万人，减少了13.8万人，下降103.8%。

共建“一带一路”国家是中国对外承包工程建设项目的主要地区，大量的工程建设项目为共建“一带一路”国家贡献了大量就业机会。2013—2019年，中国在共建“一带一路”国家对外承包工程完成营业额占同期总额的48%；中国在东道国年均创造就业岗位74万个，在共建“一带一路”国家年均创造就业岗位约36万个。

在2022年世界250家最大国际承包商榜单中，中国有79家企业入围，入围数量蝉联全球榜首，总体排名持续上升。中国有4家企业进入前十，分别是中国交通建设、中国电力建设、中国建筑、中国铁建，较2021年增加了1家。中国不仅是全球贸易和投资大国，也是世界基建大国。中国对外承包工程主要分布在交通运输、建筑和电力行业，占比达67%。[①]2020年，中国企业在共建“一带一路”国家对外承包工程新签合同额达1 414.6亿美元，2021年上半年完成营业额394亿美元。中国对外承包工程项目促进了东道国基础设施建设，不仅有利于提高互联互通效率、降低运输和贸易成本，还能为东道国创造就业机会，进而为提高东道国就业质量提供助力。

第二节　共建“一带一路”国家对外籍劳工的劳动与雇佣管制

由于共建“一带一路”国家对本土员工实施保护政策并且严格限制外国劳工输入，而不同国家的法律体系又存在差异，因而我国在共建“一带一路”国家进行投资时，通常会面临劳工法律风险。在商务部发布的《对外投资合作国别（地区）指南》（2020年版）中，注明了共建“一带一路”国家对外籍劳工的劳动与雇佣管制存在严格规定。

① 中华人民共和国商务部. 2021年我对共建“一带一路”国家投资合作情况［EB/OL］.［2023-09-24］. http://fec.mofcom.gov.cn/article/tzhzcj/tzhz/.

一、共建“一带一路”高收入、中等收入、低收入国家的劳动与雇佣管制情况

根据收入水平，我们将共建“一带一路”国家划分为高收入、中等收入与低收入国家，分别介绍和比较各国的雇佣情况，尤其是外籍员工用工比例。

1.共建“一带一路”高收入国家的劳动与雇佣管制情况

大量引入外籍劳工的国家通常是高收入国家，这些国家的劳务市场相对来说更开放，有些国家人力资源非常短缺，如卡塔尔雇用了大量外籍劳工，私营企业雇员、体力劳动者几乎全是外籍劳工。在西亚，阿拉伯联合酋长国、巴林、科威特、沙特阿拉伯的外籍劳工十分重要，外籍工人占其劳动力市场的70%以上，有些地区甚至达到90%左右。在不同的部门，外籍员工所占的比例存在较大差异。一般来说，公共部门外籍雇员占比相对较低，例如科威特为26%，沙特阿拉伯为5.77%；私营部门外籍雇员占比处于较高水平，例如2019年科威特私营部门外籍雇员占比96%，巴林私营部门外籍雇员占比70%，沙特阿拉伯私营部门外籍雇员占比85.63%。在东南亚，新加坡外籍劳工占全部劳动力近40%，也保持在较高水平。此外，沙特阿拉伯还特别规定，在工程承包、维修、清洁、操作等行业，雇员本地化比例为10%。

2.共建“一带一路”中等收入国家的劳动与雇佣管制情况

中等收入国家对雇员本地化有严格的规定。就中高收入国家而言，马来西亚规定，外资公司缴纳资本大于200万美元的，可雇用10个外籍人员（含5个关键岗位）；外资公司缴纳资本大于20万美元小于200万美元的，可雇用5个外籍人员（含至少1个关键岗位），经理、非经理人员的外籍员工雇用期最长分别为10年和5年。就中高收

入国家而言，土库曼斯坦规定，外企中的外籍员工与本地员工比例不得超过1∶9，同时规定了可豁免的情况，即与石油、天然气康采恩签署的涉及在该国执行油气业务产品分成、矿税制、联合经营、风险服务等四类合同的承包商、分包商不受1∶9用工限制。俄罗斯规定，在外资信贷机构中，本地雇员不少于雇员总人数的75%；在产品分成项目中，投资者聘用的本地雇员不少于雇员总数的80%。关于外籍人员和本国企业雇员的比例，阿尔巴尼亚规定1∶2，伊朗规定1∶3，土耳其规定1∶5，保加利亚规定1∶9。波黑失业率较高，2019年达18.4%，因此波黑规定工程承包项目通常要雇用本地雇员。

就中低收入国家而言，蒙古国规定了工作许可配额，其中矿产、建筑等主要领域外国劳务人员比例分别为1/5和1/7（当地员工总数少于20人时，只可雇用1名外国员工）。老挝规定，外籍劳工体力劳动者不能超过本企业劳工总人数的15%，脑力劳动者不能超过25%。埃及规定，外籍员工比例不超过员工总数的10%，但当无法使用具有必要技能的当地员工时，外籍员工比例可以放宽至20%。格鲁吉亚规定，对于外资项目，一般外籍员工不得超过30%。乌兹别克斯坦是劳务输出国，2018年的总统令规定，外资投资在建项目无用工比例限制，运营后有限制，个别行业外籍员工用工比例为1∶20。柬埔寨规定，企业雇用的外籍劳工不得超过职工总数的10%；未申请年度用工指标的，不允许雇用外籍劳工。孟加拉国规定，外国雇员总数不能超过公司雇员总数的5%。印度尼西亚不允许引进普通劳务人员。

3.共建“一带一路”低收入国家的劳动与雇佣管制情况

低收入国家对外籍劳工有严格限制。例如也门、塔吉克斯坦、叙利亚规定，外籍雇员数量不超过本国雇员数量的10%。阿富汗一般不需要普通外籍劳工。尼泊尔原则上仅为具备本国人没有的专长或经验的外籍人员发放工作签证和商务签证。

中低收入和低收入国家工资水平较低，有些国家社会动荡、缺乏安全保证，对外籍劳工缺乏吸引力。

4.共建“一带一路”国家经济合作中劳动与雇佣管制的总体情况

中高收入国家一般要求只有在本国没有从事某些工种技术工人的情况下，或本国雇员数量不能满足该工作的需要时，才能雇用外籍劳工，如哈萨克斯坦、伊拉克、约旦。中低收入国家失业率较高，所以严格控制外籍劳工输入，主要是增加对高新技术人才、高级经营管理人才、新兴产业和特殊专业技能人才的需求；对于简单技工、普通经营管理人员的需求减少。老挝、东帝汶、孟加拉国、阿塞拜疆、印度尼西亚规定，不许引进普通劳务人员。低收入国家失业率高，普通雇员过剩，管理、技术和外语人才稀缺，因而本国劳动力市场排斥非技能劳动力进入，如尼泊尔、阿富汗。

在共建“一带一路”国家中，一些高收入国家劳动力较为缺乏，不仅需要有专业技能的人员，对体力劳动者也存在较大需求。中高收入、中低收入和低收入国家对高技能人才、特殊技能人才、紧缺人才的需求普遍有所增加，但对简单技工、普通劳务人员的需求减少。在共建“一带一路”国家承包工程和劳务领域，各国政府对本国劳动力采取了强有力的保护措施，“一带一路”建设未对共建“一带一路”国家的就业造成负面影响，而且可以对共建“一带一路”国家紧缺领域的高技能人才和所需普通劳动力进行有益补充。大量的工程建设和劳务服务项目符合东道国准入规定，将为共建“一带一路”国家经济社会发展提供所需的劳动力和就业机会。

二、共建“一带一路”国家劳动与雇佣管制的相关规定

既有文献关于共建“一带一路”国家劳动关系的研究主要从两个方面开展：一个是针对共建“一带一路”国家普遍性的劳资纠纷问

题，另一个是关注某一具体国家的劳动关系协调问题。我们梳理了共建“一带一路”国家劳动与雇佣管制的相关规定，并提出针对不同国家的差异化方案，为规避境外劳动关系风险、强化境外竞争优势、与共建“一带一路”国家开展深入合作提供有利参考。因此，本部分简要概括共建“一带一路”国家一系列劳动与雇佣管制规定，例如各国对外籍劳工的劳动与雇佣管制规则和劳动法，以及共建“一带一路”国家的劳动力供给与薪资情况。

1.对外国人的劳动与雇佣管制

（1）工作许可和工作签证

未获得工作许可的外国人严禁从事任何形式的工作。

有些国家实行较为严格的外籍员工工作规定，如波兰对中国等亚洲国家实行严格、复杂的工作许可审批制度和签证管理制度，工作许可常附有限制条件。北马其顿严禁普通外籍劳工进入，严控外籍技术劳务人员进入，社会各界和民众对吸收外籍劳工持反对态度。蒙古国雇主方雇用外国员工需向有关部门申请工作许可，工作许可配额视不同行业而定。埃及工作签证发放较为严格，安全审查周期漫长，对于超期滞留的中国公民一般不再签发签证。

外籍人员需凭借工作签证或项目签证（Project Visa）赴印度工作，不能凭借商务签证赴印度工作；持有工作签证的外籍人员须在入境后14天内到所在地的外国人登记办公室办理登记，领取登记证。然而，印度严格限制工作签证的签发并且审查期较长，普通工程技术工人获得工作签证的难度较大，普通工人更是无法入境。2009年7月，印度出台了更加严格的签证政策，导致中国在印度承包工程的技术人员从高峰期的4 500人左右骤降至2009年10月底的数百人；2010年，印度经常出现拖延和拒签现象，一些商务签证出现2~3个月的审查期，严重影响了两国的人员往来。2011年，印度出台项目签证政策，凡参与印度电力、冶金项目的外籍劳工需要申请项目签证。

有些国家的工作许可比较严格。新加坡外国人工作准证分为三类：就业准证（Employment Pass，EP）、S准证（S Pass，SP）、劳务准证（Work Permit，WP）。申请EP和SP的最低月薪分别为3 900新加坡元、2 400新加坡元，WP无最低月薪要求。外籍人士在新加坡必须持有工作准证才能工作，否则被视为非法务工。2012年，新加坡推出了个人化就业准证（PEP），规定外国专业人员可以申请个人化就业准证，其条件为：在外国最近一期固定工资至少为1.8万新加坡元，或就业准证持有人固定月工资至少1.2万新加坡元。持此证者在5年有效期内不必因变换工作重新申请就业准证。此外，若失去工作，仍可继续在新加坡居留6个月，以寻找新工作。在此之前，在新加坡失去工作的外籍人士必须在短时间内离境。

阿拉伯联合酋长国外籍劳工只有在人力资源与本土化部注册许可企业的担保下，才能获得工作许可。外籍劳工必须满足年龄不小于18岁、员工专业能力和企业业务范围相匹配、持有的护照有效期在6个月以上且身体健康等条件，人力资源与本土化部才有可能为其发放工作许可。阿拉伯联合酋长国工作签证一般为2年。2018年，阿拉伯联合酋长国出台签证新规，为符合条件的医生及专家、科学家、文艺人才、高级管理人员提供10年签证。2019年5月，阿拉伯联合酋长国推出永久居留权“金卡”制度，符合条件的专业人才、研究人员将获得阿拉伯联合酋长国永久居留权。

俄罗斯的政策是向高技术人员倾斜，为引进高端人才，俄罗斯移民局向外国专家发放2年劳务许可，向高端专业人员发放3年劳务许可。外籍公民主要通过两种途径获得工作许可和工作签证：第一，常规职员采用配额管理办法，用工企业和部门每年向当地劳动就业部门及移民局申请下一年度使用外来劳务的数量，次年5月之前，使用外来劳务配额（许可证）发放完毕（补充配额除外）。第二，高级专家不受配额限制，受雇高级专家年薪不低于200万卢布（约2.9万美元）。

少数国家对外国人就业持开放态度。如巴林禁止非法劳工，但对外籍人就业无明确限制。外国人在阿尔巴尼亚工作5年，可申请永久许可；在黑山获得临时居留许可且不间断工作满5年，可申请永久居留许可。

（2）限制外国人的用工比例

为保护本国劳工权益，共建“一带一路”国家通过制定相关法律对企业雇用本国劳工的比例做出规定。2017年1月，沙特阿拉伯劳工部颁布决议，限制雇主大规模解聘沙特阿拉伯籍雇员。雇员数量超过20名的公司，每年必须增加5%的本国劳动力，直到本国雇员占比达75%。违规的公司会被严厉处罚，有可能被排除在政府合同和贷款之外，或被中止外籍雇员的签证和工作许可。在实践中，外国企业的沙特阿拉伯化比例保持在10%即可获得政府认可，可在当地顺利开展经营活动。

阿曼为解决本国就业问题，规定所有在当地注册的企业应按一定比例雇用本国员工。本地化比例按照行业划分，具体规定如下：①高科技行业：高级管理人员，9%；应用与服务开发和技术支持人员，15%；营销人员，100%。②通信行业：本地化比例，68%。其中，工程师，54%；技术人员，70%；熟练和半熟练工人，80%。③旅游行业：3星至5星宾馆，85%；航空公司、旅游饭馆、旅行社、租车公司，90%。④石油天然气行业：分包商，73%；本地社会公司、直接服务，82%；生产/作业，90%。⑤承包行业：2级公司及以上，30%；延续项目，80%。⑥其他行业：批发与零售贸易，20%；餐馆与宾馆，30%；工业部门，35%；金融、保险、房地产领域，45%；运输、仓储、交通领域，60%。

《阿尔巴尼亚外国人法》规定，工作岗位首先给本国人，外国人就业主要在本国劳动者不具备专业能力和缺乏专业培训的部门和岗位，并要求企业雇用1名外籍人员必须同时安排2名本国人就业。在伊朗的工程项目中，外籍劳工与本地劳工的配比一般为1∶3。土耳其规定，外国雇员和本国雇员的比例为1∶5。格鲁吉亚不欢迎外国劳工，一般要求外资项目中的当地员工不少于七成。目前，在格鲁吉亚的中方劳工主要由中国企业自行引进。塔吉克斯坦外籍劳工市场较小，主要是在水电、采矿、道路基础设施、铝加工、酒店等合作项目中引进外籍工程师、技师、技术工人和其他具有专业技术能力的高水平专家。塔吉克斯坦、土库曼斯坦、保加利亚规定，外国企业用工比例原则上为1∶9，即外国人应不多于10%，本地人应不少于90%。乌兹别克斯坦规定，外资投资在建项目不受用工比例限制，运营后受用工比例限制，个别行业用工比例为1∶20。

新加坡规定了外籍劳工用工比例上限。海事业：81.8%；制造业：60%；服务业：40%；S准证（不含服务业）：20%；S准证（含服务业）：15%。建筑业、加工行业实际雇用外劳比例为87.5%。

（3）限制外国人从事相关行业和工种

部分共建“一带一路”国家限制外国人就业的行业和工种。如泰国2020年4月颁布的《外籍人从业工种限制》严格限制外籍人从事汽车驾驶、美容美发、导游和旅行社工作、个体小商贩、拍卖、珠宝钻石加工、织席、秘书、经理人或者代理人工作（国际投资贸易代理人除外）、法律服务或法律程序（仲裁、协助工作或代理仲裁程序除外）等27个工种。《沙特阿拉伯劳动法》规定，外国人可获得沙特阿拉伯民事和军事领域公开招聘的岗位，但不得从事高级人事经理、出纳、私人保安等18类工作，工作内容须与工作许可证规定的工种相符。

（4）雇用外国人须缴纳相关费用

在部分共建“一带一路”国家，雇用外国人需缴纳较高的费用。如蒙古国企业雇用外国劳工必须按月缴纳岗位费，标准是最低工资的2倍；在矿业领域，外籍劳工的岗位费是最低工资的10倍。外交机构、领事代表处和国际机构代表处雇用的外国员工，教育、科技领域的外国专家、技术人员，以及根据政府间相关协定工作的专家和工作人员不缴纳岗位费。缴纳、减免岗位费由蒙古国政府决定。乌兹别克斯坦为了限制外籍劳工，提高本国就业率，通常发放有效期为1年的劳动卡。申请劳务许可证的费用：高技术（技能）专家、总统学校和高校教师为1倍最低工资标准（23.86美元），技术专家为2倍最低工资标准（47.70美元），普通外国工人为30倍最低工资标准（715.80美元）。普通外籍工人的费用（加上办理签证，缴纳个税和社保）年度每人约2 000美元。

2.共建“一带一路”国家劳动力供求和薪资

共建“一带一路”国家劳动与雇佣管制和经济发展水平、人口、劳动力供求状况紧密相连。共建“一带一路”国家人口众多，多数为发展中国家。从人口规模来看，2022年，中国人口总数为14.11亿，居世界第二；印度人口总数为14.17亿，居世界第一。中国和印度是世界上最大的两个人口大国，人口总数均超过14亿。在世界前十位人口大国中，共建“一带一路”国家有6个，包括中国、印度、印度尼西亚、巴基斯坦、孟加拉国、俄罗斯。从GDP总量来看，共建“一带一路”国家中拥有两个位居世界前列的国家——中国和印度，分别为GDP总量第二位、第五位。[①]2022年，中国GDP超过18.10万

① 佚名. 2022年全球国家GDP及人均GDP排名揭晓［EB/OL］.［2023-10-10］. https://www.sohu.com/a/745138221_121769698

亿美元，居共建“一带一路”国家首位；印度和俄罗斯分列共建“一带一路”国家的第二位、第三位，其GDP分别为3.39万亿美元、2.22万亿美元。从人均GDP来看，前十位国家大部分在欧洲，2022年共建“一带一路”国家人均GDP进入世界前十位的国家有2个：卡塔尔和新加坡。共建“一带一路”国家（含中国）人均GDP为5 941美元，相当于世界人均GDP（11 312美元）的53%；64个共建“一带一路”国家（不含中国）人均GDP（4 321美元），相当于世界人均GDP的38%。由此看来，共建“一带一路”国家的经济发展水平总体较低，可能导致本国劳动力市场结构失衡，就业不充分。

共建“一带一路”高收入国家有18个，占比28%；中等收入国家有42个，占比64%；低收入国家有5个，占比8%。共建“一带一路”国家不到三成属于高收入国家，超过七成是中等收入和低收入国家。从结构上看，人口大国和国土面积大国，例如中国、印度、俄罗斯，都是中等收入国家；高收入国家基本上是小国，如新加坡、以色列、阿拉伯联合酋长国，还有人口不多的沙特阿拉伯、波兰。共建“一带一路”国家（不含中国）人均GDP不到世界平均水平的四成，经济发展水平较低，人均收入也较低。

共建“一带一路”国家人均GDP排名前十位的高收入国家人均GDP为4.7万美元，排名后三位的低收入国家人均GDP为1 005美元，前者是后者的47倍；前者的劳动参与率平均为69.5%，后者为40.0%，前者比后者高29.5%；前者失业率平均为3.6%，后者为11.0%，前者低于后者7.4个百分点；前者的人口总数为7 278万，后者约为7 331万，分别占共建“一带一路”国家人口总数的1.5%和1.6%。2022年共建“一带一路”国家人均GDP前十位国家和后三位国家的就业情况见表5-2。

表5-2　2022年共建“一带一路”部分国家人均GDP和就业情况表

人均GDP排名	国家	人均GDP（美元）	人口（万人）	GDP（亿美元）	劳动参与率（%）	失业率（%）
1	卡塔尔	84 425	267	2 255	88.0	0.1
2	新加坡	82 808	564	4 668	70.0	2.8
3	以色列	54 710	955	5 225	64.0	3.5
4	阿拉伯联合酋长国	51 306	989	5 075	82.0	2.8
5	科威特	38 329	482	1 846	72.0	2.5
6	文莱	37 667	44	166	64.0	7.2
7	沙特阿拉伯	31 850	3 479	11 081	59.0	5.6
8	斯洛文尼亚	29 502	211	622	59.0	4.2
9	巴林	28 785	154	444	72.0	1.4
10	爱沙尼亚	28 631	133	381	65.0	5.9
平均值		46 801	728（总数）	3 176	69.5	3.6
61	尼泊尔	1 332	3 015	401	40.0	11.1
62	塔吉克斯坦	1 064	984	105	41.0	7.8
63	也门	620	3 332	206	38.0	13.6
平均值		1 005	7 331（总数）	237	40.0	11.0

资料来源：根据国际货币基金组织、国际劳工组织相关数据整理。

增加就业是提高收入的主要来源。不论是对个人还是对国家，增加就业才能创造更多的财富。在“一带一路”建设中，中国对共建

“一带一路”国家的贸易、投资、承包工程、境外经贸合作区建设和对外援助不断增加，为共建“一带一路”国家创造了大量就业机会，增加了民众的收入，促进了共建“一带一路”国家经济发展，改善了民众生活。

共建“一带一路”国家的劳动与雇佣管制措施与共建“一带一路”国家的经济发展水平、人口状况、就业情况、收入水平密切相关。经济发展较好的国家，就业机会较多，在本国劳动力不足的情况下，需要外国劳动力参与各领域经济建设；反之，经济发展缓慢、停滞甚至衰退的国家，缺乏就业机会，失业率居高不下，本国的就业问题难以解决，就会采取严格的劳动与雇佣管制措施。有些国家经济发展良好，就业相对稳定，也采取了相对严格的劳动与雇佣管制措施，以保护本国就业。欧盟的一些国家经济发展较好，就业机会较多，但由于工资水平较低，劳动力大量流入发达国家，本国劳动力十分缺乏，人才流失严重。在共建“一带一路”国家中，除缺乏劳动力的国家外，多数国家严格限制普通劳动力进入本国就业，共建“一带一路”国家普遍缺乏高素质人才，急需高级技术、管理人才和各领域专家，允许有条件地输入高级人才和紧缺人才。各国劳动力供给和需求与其劳动与雇佣管制政策紧密相连。

3.劳动力供给大于需求的共建“一带一路”国家及其薪资

（1）劳动力供给大于需求的中高收入国家

在劳动供给大于需求的中高收入国家中，通常呈现出保护本国劳动力就业的市场环境。例如土耳其人力资源相对丰富、便宜、优质，年轻人口比例较高，就业压力较大；部分行业中端人才不足，高端人才稀缺。土耳其严格保护本国人就业，无论是当地企业还是外国企业，雇用1个外籍劳工，须同时雇用5个当地劳工。外国人获得工作许可和工作签证的难度很大。2018年，净最低月薪为

338.88美元。

阿塞拜疆对外籍劳工需求较小，限制外来劳工的数量。阿塞拜疆极其缺乏高级蓝领，亟须引进高技术人才；人才外流严重，有数十万劳动力在俄罗斯、伊朗和土耳其等国务工。随着该国基础设施建设规模不断扩大，阿塞拜疆对外籍熟练工人的潜在需求依然存在。2022年，人均月工资约431美元。

北马其顿失业率高，几乎没有外籍劳工，劳动力市场不对外开放。2021年，人均月工资约860美元，最低月工资约381欧元。

波黑与之相似，具有较为充裕的劳动力资源，但失业率高，劳动力素质较低且缺乏专业技术人才，承包工程通常要雇用本地劳工。2022年，最低月净工资为543可兑换马克。

（2）劳动力供给大于需求的中低收入国家

在劳动力供给大于需求的中低收入国家中，通常呈现出排斥劳务输入的市场环境。例如，印度是劳务输出大国，普通外籍工人较难入境寻求工作机会。随着经济快速发展，印度十分缺乏工程技术人员和熟练工人，对高素质人才和熟练技工需求较大。在印度，有管理经验，尤其是有跨国公司管理经验，具备市场开拓、协调能力的中高层管理人员，年薪可达3万~10万美元。

巴基斯坦是劳务输出大国，劳动力资源丰富，但整体素质不高，技术专家、管理人员、技工等较为缺乏。巴基斯坦失业率较高，对外籍劳工需求不大，外籍劳工数量很少，大部分是管理人员和技术工人。2021年，巴基斯坦对劳动力最低工薪做出调整。工人最低月工资为20 700卢比（1美元约兑换195.5卢比）。部分岗位月工资分别为：经理人68 214卢比，教授41 815卢比，文职人员34 259卢比，技术人员或副教授33 553卢比，农林渔业技能工24 917卢比，工厂/机器操作员和装配工21 721卢比，服务业和零售业者20 770卢比，手工艺者和相关商业工作者20 091卢比，基础职业者16 238卢比。

柬埔寨劳动力资源比较丰富，人口年轻化特点明显。劳动力就业最多的领域为农业、成衣业、服务业。政府了为创造更多就业机会，还向马来西亚、韩国等其他国家输出劳工。2022年，柬埔寨将制衣、制鞋最低工资标准提高至每月194美元。根据世界银行的相关报告，金边市月薪水平如下：高级、中级、初级经理分别为1 000~1 500美元、500~1 000美元、300~450美元，会计人员、办公室职员分别为300~450美元、150~250美元。

越南处于人口红利鼎盛时期，劳动力工资相对低廉，但技术水平和能力不足、效率较低。为了保障本国劳动力就业，越南对外籍劳工输入设置了较高门槛，严格限制普通劳动力输入，所提供的工作岗位仅限企业管理人员、部门经理、专家和技术人员。

东帝汶劳动力供应充足，但普遍缺乏专业技能，可从事简单体力工作。青年失业问题比较严重，外来投资商会引进一些技术工人。东帝汶政府鼓励本国人就业，法律规定最低月薪为115美元。经理人、专业员工、普通工人的平均月工资分别为500美元、400美元、200美元。

孟加拉国同样具有丰裕的劳动力资源，是劳务输出大国，技术工人较为缺乏。孟加拉国对外籍劳工需求极少，引进劳动力基本上都在高级管理和特殊技能岗位。普通劳动力素质较差，工作效率不高，超过80%前往中东国家工作。高级管理人员、中级管理人员、技工、普工的月工资分别为1 000~2 500美元、400~500美元、100美元、70美元。

吉尔吉斯斯坦出生率较高，劳动力供大于求。吉尔吉斯斯坦是农业国，约有四成劳动力务农，经济体量小，就业机会有限，本国居民就业困难，客观上不欢迎外籍劳工进入，以免影响本国就业。吉尔吉斯斯坦工作机会少、工资低，每年在境外工作谋生的公民约有70万人。由于熟练技工短缺，其对外来熟练技工有一定需求。2022年，平均月工资为255美元。

4.劳动力供给小于需求的共建“一带一路”国家及其薪资

（1）劳动力供给小于需求的高收入国家

在劳动力供给小于需求的高收入国家中，不同国家引入的外籍员工类型存在差异。以色列经济发达，由于宗教、社会福利等原因，部分岗位劳动力紧缺。以色列外籍劳工人数众多，成分复杂。2019年，持合法签证在以外籍劳工人数约为10.2万人，其中各领域专家占7%，从事建筑、农业、家政护理工作的分别约占15%、22%、56%。非法劳工在外籍劳工中占比15%。平均月工资约3 190美元，高级管理人员的薪酬水平和欧美国家相当。外籍员工和本地员工享受同等劳动待遇。

科威特对外籍劳工需求较大。2021年，科威特有197.3万外籍劳动力，约占当地总劳动力人口的82%。外籍劳动力主要来自印度、埃及、孟加拉国、巴基斯坦和菲律宾。除了来自欧美国家的劳动力大多就职于技能较高的职位之外，其他外籍劳动力多数从事体力工作。科威特本地劳动力主要集中在政府机关、银行、能源等系统的管理层，私营领域劳动力的主体是外籍人员。科威特和波兰等国家对外籍劳动力的需求主要集中在熟练技工或技能型人才，某些专门人才的结构性劳动力短缺。

新加坡劳动力供应不足，结构性供求失衡，对外籍劳工需求很大，外劳占新加坡劳动力约40%。2021年，新加坡劳动力总数为339.7万人，在新外劳为95.46万人。当地劳动力受教育水平较高，长期接受各类专业技能培训。2026年以前，新加坡劳动力将萎缩1.7%，之后10年内将萎缩2.5%。中新劳务合作发展良好，在新加坡的中国劳务人员数量居日本和中国澳门之后。新加坡劳动法立场中立，只给予雇员较少的福利，法定年假较少，无国家最低工资或遣散费要求。企业不必负担更多成本，不会出现业务中断。新加坡没有广泛的工会联盟，劳动关系普遍温和，极少发生罢工。新加坡开放的劳动力市场使投资者面临的风险非常小。2021年，本地居民月工资中位数（含公积金）为4 680新元。

（2）劳动力供给小于需求的中高收入国家

在劳动力供给小于需求的中高收入国家中，不同国家引入的外籍员工类型也存在差异。俄罗斯人口总数不断下降，劳动力资源匮乏，劳动力缺口已经达到1 000万人。特别是在石油、天然气和木材等资源开发领域，劳动力短缺近50%，已成为制约经济社会发展的主要因素之一。为了优化其劳动力市场结构，2020年，俄罗斯吸引外籍劳工配额为10.5万人，96.5%为高技能外国工人。在俄罗斯的中国移民数量约为27万人。低技能工人主要来自中亚地区，中级技术工人主要来自中国，高技能专家主要来自德国、英国、美国和法国。截至2022年5月，俄罗斯境内共有劳务移民335万人，但俄罗斯仍然面临严重的劳动力结构性短缺问题：科技及相关服务业等领域就业人口数量下降，熟练技能劳动力短缺，劳动人口老龄化趋势严重。2021年，俄罗斯平均月工资约为588美元。

保加利亚由于劳动力大量流向西欧和北欧国家，国内劳动力在一定程度上有所不足，但其依然实行严控劳工输入措施。2021年，人均月工资为792欧元。

阿拉伯联合酋长国劳动力十分缺乏，主要来自国外，外籍工人占其劳动力总人口的九成。在一些私营部门，外国员工占99%，主要来自印度、斯里兰卡、巴基斯坦、孟加拉国、菲律宾、埃及等国。在阿拉伯联合酋长国，外籍劳动力很重要，包括来自欧美的中高层管理人员、来自周边国家的专业技术人员和来自南亚的管理人员、劳工。其中，劳工主要从事保安、保姆、建筑、司机等工作，月工资约为2 000~5 000迪拉姆（1美元=3.6725迪拉姆）。

（3）劳动力供给小于需求的中低收入国家

老挝劳动力市场呈现出供小于求的局面。在外籍劳动力需求方面，近年来出现了“两增一减”的趋势，即对高新技术人才、高级经营管理人才、新兴产业和特殊专业技能人才的需求明显增加，对脏、苦、险行业工种劳动力需求增加；对普通工人、简单技工、低层次经营管理人才需求减少。在建筑业中，工程规划设计人员、项目管理人员、工程师、监理工程师等供不应求，需从中、日、韩等国家输入。普通建筑工人多是老挝和越南籍工人，这类工人由于技能和劳动生产效率低下，供给过剩，工资待遇不断下降。总体而言，老挝劳动者技能水平普遍偏低，过低的薪资导致部分劳动者赴邻国工作，出现了技术劳动力供不应求情况。2020年，老挝公司员工平均月工资约为200美元。为保证本国公民的就业需求，老挝政府对外籍劳工进入有严格规定。

5.劳动力供给和需求结构性失衡的共建“一带一路”国家及其薪资

（1）劳动力供给和需求结构性失衡的高收入国家

高收入国家的劳动力结构性失衡表现为两点：一是就业人口增多，就业压力较大；二是劳动力流失严重，劳动力短缺，特别是技术型劳动力缺乏。例如阿曼35岁以下人口超过七成，人口结构年轻化，每年新增就业人口较多，就业压力较大。为解决本国就业问题，阿曼政府制定了本地化就业政策。阿曼高、中、低端行业均离不开外籍劳动力，但为了保障本国人就业，提高本国人口素质和劳动力水平，严格控制外籍劳工的数量，阿曼外籍常住人口约占其总人口的三成。根据《阿曼2020—2024年发展规划》的规定，阿曼籍员工最低工资标准为325里亚尔（约合845美元），但这一规定不适用于外籍劳工。爱沙尼亚劳动力短缺，特别是技术性、经验性劳动力缺乏；劳动力流失严重，主要流向收入水平更高的芬兰、瑞典等国；劳动力素质较高。爱沙尼亚人口老龄化，生育率下降。在新增劳动人口中，社会科学类毕业生比例明显高于自然科学类毕业生，高素质、高技能人才外流严重。近年来，兼职工人的数量不断增加。2021年，居民月平均工资为1 548欧元，月均养老金为550欧元。

（2）劳动力供给和需求结构性失衡的中高收入国家

中高收入国家的劳动力结构性失衡主要表现为失业率较高，且高素质人才匮乏。黑山除旅游旺季劳动力紧张外，其他行业劳动力资源比较充裕，但失业率较高，2021年失业率为16.6%。外籍劳动力市场规模较小，外籍劳工主要是季节性农业工人、旅游及餐饮服务人员。2021年，黑山税前平均工资为793欧元，平均税后工资为532欧元。黑山政府推出“欧洲就在当下”计划，围绕提高公民生活水平、增加就业、减少灰色经济行为、改善商业和投资环境等开展改革，推动黑山经济可持续增长，其中包括将最低月工资提升至450欧元。哈萨克斯坦失业率为4.9%，但存在专业技术人员、高素质人才缺乏，产业工人专业技能差、效率低、流动性大等问题。其薪资水平较高，2021年职工月平均工资为572美元。

（3）劳动力供给和需求结构性失衡的中低收入国家

长期以来，蒙古国劳动力市场存在显著的结构性失衡。一方面，蒙古国国内对于技术工人有较大需求；另一方面，许多劳动者处于失业状态，蒙古国高失业率问题显著。因此，蒙古国政府通过限制外国劳工引进的方法缓解国内高失业率问题。

第三节　中国对外承包工程和劳务合作对共建“一带一路”国家就业质量的影响

通过梳理就业质量的相关研究可以发现，劳动收入、能力水平和劳动关系是影响就业质量的重要因素。[①] 参照既有文献的做法，本书从收入、技能水平、福利等维度综合分析“一带一路”建设对共建“一带一路”国家就业质量的影响。

一、“一带一路”建设提高共建“一带一路”国家的收入

“一带一路”建设能够提高共建“一带一路”国家的收入。劳动者在从事生产活动的过程中，工作环境、工作稳定性以及劳动报酬的高低能够反映就业质量。居民收入减少还可能引起就业率下降，对国家经济发展产生实质性的负面影响。共建“一带一路”国家大多是发展中国家，资源丰富，发展潜力巨大，但发展资金紧缺，迫切需要先进的技术、管理知识来提高收入水平。“一带一路”建设把这些国家急需的资金、先进的技术、标准、产业链条和管理经验带给它们，使更多人从事技术含量更高、收入更高的工作。据中国在海外的企业家反馈，在中资企业工作的员工，收入在当地处于中上水平。[②]世界银行的报告显示，“一带一路”建设使全球和共建“一带一路”国家收入分别增长0.7%~2.9%、1.2%~3.4%。[③]“一带一路”建设显著提高了共建“一带一路”国家的居民收入和经济总量，为提升就业质量营

---

① 张抗私，李善乐. 我国就业质量评价研究——基于2000—2012年辽宁宏观数据的分析［J］. 人口与经济，2015（6）：62-72.

② 国务院国有资产管理委员会. 第22站：走进斯里兰卡南部高速延长线项目［EB/OL］.［2023-05-29］. http：//www.sasac.gov.cn/n4470048/n8456886/n9678798/n9678803/n9734473/c9753631/content.html.

③ 佚名. 最新世界银行发布系列报告，这样评价“一带一路”作用［EB/OL］.［2023-04-29］. https：//baijiahao.baidu.com/s?id=1631341365309683520&wfr=spider&for=pc.

造了良好的社会氛围。

二、“一带一路”建设提高共建“一带一路”国家的福利

“一带一路”建设提高了共建“一带一路”国家的福利水平。从整个社会的角度实现福利最大化，不断增强人民的获得感和幸福感，是提高共建“一带一路”国家就业质量的关键所在。一方面，中资企业为当地员工提供良好的福利保障，员工满意度较高；另一方面，中资企业在境外及在共建“一带一路”国家普遍参与公益活动，如修建项目周边的道路、改善基础设施条件，捐助教育通用设施、提升教育水平，捐助医院、提高医疗服务水平，参与救灾等，帮助中国企业在海外建立起良好声誉。例如，央企在境外切实履行社会责任，2018年，央企在“一带一路”建设运营中未发生员工重大健康事故的占比99%；为中外雇员建立平等的雇佣、培养与晋升、薪酬与福利制度的占比分别为96%、76%、75%。①央企捐建学校，为斯里兰卡当地小学捐赠20万卢比的文具；捐建医院，改善当地医疗条件；为养老院修缮道路，便于老人出行等。②民营企业在海外也积极履行社会责任，为项目周边社区铺设道路、修建学校、打水井、提供饮用水等。③中国企业参与“一带一路”建设，促进了共建“一带一路”国家的经济发展，为当地创造了良好的经济效益。当地民众因企业修路，捐助学校、医院，提供良好的培养和晋升机会等，获得了较好的生产、生活条件和发展机会，共建“一带一路”国家的福利水平也得到了提高，产生了良好的社会效益。

---

① 邱海峰．超九成央企发布社会责任报告［EB/OL］．［2024-05-16］．http：//www.gov.cn/xinwen/2019-08/30/content_5425761.html.

② 杨欢．促就业利民生 中企深耕“一带一路”造福当地［EB/OL］．［2023-05-29］．http：//finance.people.com.cn/n1/2018/1004/c1004-30325437.html.

③ 刘泽耕．全国工商联发布《中国民营企业“一带一路”可持续发展报告（2019）》［EB/OL］．［2023-05-29］．https：//www.yidaiyilu.gov.cn/xwzx/gnxw/101034.htm.

三、“一带一路”建设提高共建“一带一路”国家的技能水平

1.“一带一路”建设中的工程承包等项目提高共建“一带一路”国家的技能水平

“一带一路”建设对共建“一带一路”国家的技术、技能有较高的要求。技术进步与人力资本积累之间具有互补性，“一带一路”建设导致的技术变化会增加对熟练劳动力的相对需求。其中，高速公路、轨道交通、国际机场、港口、核电站、火电站、水电站、油气管道、通信光缆、产能合作等项目的很多岗位需要大批专业技术人员。中国制造由过去的世界代工厂向制造强国和中国创造转变，制造业正与互联网、大数据等新兴技术深度融合，中国的高铁、北斗导航系统、发电设备、基础设施建设、沙漠化防治、输变电设备、阿里云计算、通信设备、量子通信、交直流特高压技术（又称“电力高速公路”）、5G技术等处于国际领先地位。①中国在共建“一带一路”国家投资了大量拥有国际一流技术水平的大型基础设施、高铁、电力、先进制造业、通信、云计算等项目，为共建“一带一路”国家带去了先进的技术和管理经验。在项目建设过程中，中国技术人员把先进的技术传授给当地员工，提升了当地员工的劳动技能；当地员工干中学，经过多年和中国员工一起工作，已成为能带团队的管理人员。②因此，“一带一路”建设中的工程承包等项目提高了共建“一带一路”国家的技能水平。

---

① 佚名．中国技术在“一带一路”震撼全世界［EB/OL］．［2023-05-29］．https：//www.sohu.com/a/140251279_390536.

② 佚名．企业家谈“一带一路”对共建“一带一路”国家作用：提升当地工人技能和收入［EB/OL］．［2023-05-29］．https：//new. qq. com/omn/20190425/20190425A0J7U7.html.

2.“一带一路”建设中劳务合作的教育项目提高共建“一带一路”国家的技能水平

中国政府奖学金项目向共建“一带一路”国家倾斜、向高质量发展、提高共建“一带一路”国家人力资本水平。2020年全球高等教育研究机构发布的世界大学排名中，中国大学上榜42所，其中清华大学、北京大学、复旦大学排名全球前50，浙江大学、上海交通大学、中国科技大学排名全球前100，清华大学、北京大学排名分别为亚洲第三位和第四位。[①][②]中国大学教育质量快速提升，中国政府奖学金吸引了越来越多的共建“一带一路”国家高层次人才来华留学，推动来华留学向高质量发展。2016年中国政府奖学金留学生中硕博占比达69%，接近七成，比2012年提高了12%。[③]2019年4月，中国提出增加“丝绸之路”中国政府奖学金硕博学位名额。[④]共建“一带一路”国家是我国国际留学生的主要来源国，在共建“一带一路”国家中，2016年以来，来华留学人数增长最快的包括巴基斯坦、印度、印度尼西亚、泰国和老挝，留学人数增幅达20%以上。[⑤]2017年，共建“一带一路”国家来华留学生约32万人，占来华留学生总数约65%，同比增长约12%，高于各国来华留学生人数的平均增速。[⑥]中国增加“丝绸之路”中国政府奖学金名额后，共建“一带一路”国家奖学金生占比约为65%。中国政府奖学金项目紧密结合“一带一路”

---

① 佚名. 2020年QS世界大学排名出炉，69所中国大学上榜［EB/OL］.［2023-05-29］. https：//www.sohu.com/a/321818347_614563.

② 佚名. 2019年QS世界大学学科排名新鲜出炉！中国大学名次持续攀升！［EB/OL］.［2023-05-29］. https：//www.sohu.com/a/298229806_231518.

③ 闫景臻. 共建“一带一路”国家来华留学生数据增幅明显［EB/OL］.［2023-05-29］. http：//www. moe. gov. cn/jyb_xwfb/xw_fbh/moe_2069/xwfbh_2017n/xwfb_170301/170301_mtbd/201703/t20170302_297943.html.

④ 佚名. 教育部三项成果纳入第二届“一带一路”国际合作高峰论坛成果清单［EB/OL］.［2023-05-29］. http：//www. moe. gov. cn/jyb_xwfb/gzdt_gzdt/moe_1485/201904/t20190428_379826.html.

⑤ 佚名. 中国留学发展报告（2017）［EB/OL］.［2023-05-29］. https：//www.sohu.com/a/211332807_800517.

⑥ 佚名. 2017年48.92万名外国留学生在中国高校学习［EB/OL］.［2024-05-16］. https：//china.huanqiu.com/article/9CaKrnK7bxg.

建设对国际化人才的需求精准投放，在基础设施、海洋、金融等重大领域为共建“一带一路”国家培养高端人才；支持中国高校开展国际合作，定向培养共建“一带一路”国家本土人才，[①]为共建“一带一路”国家在“一带一路”建设中提供国际化人才支撑。2019年4月，中国16所高校与共建“一带一路”国家高校建立了17个国际合作实验室，[②]培养相关领域专业化人才。“一带一路”建设教育项目为共建“一带一路”国家很多人的学业、职业和人生开启了一扇精彩的大门。留学经历使共建“一带一路”国家留学生有机会丰富学识，开阔视野，提高知识和技能水平。

3.“一带一路”建设中劳务合作培训项目提高共建“一带一路”国家的技能水平

政府、企业、高校通过跨境合作培训项目，提高共建“一带一路”国家的技能水平。国家能源局、电力建设集团、越南电力大学、亚洲开发银行等进行政产学研合作，形成跨国境、跨业界、跨高校“三跨联动”人才培养机制，[③]培养所需电力专业人才。通过国际合作培训项目，各国学员了解了国际电力发展前景，认识到区域电网互联互通的作用，学习了中国一流的电力技术，提高了澜湄国家电力人才的技能水平。[④]

中国的培训项目惠及发展中国家，提高共建“一带一路”国家的专业能力。2017年5月，中国根据“一带一路”建设需要，宣布启动科技创新计划，同各国开展共建实验室、技术转移等活动。2018—

① 佚名. 我国将设“丝绸之路”奖学金 每年向共建“一带一路”国家提供不少于3 000个名额［EB/OL］.［2023-05-29］. http://m.news.cctv.com/2017/04/20/ARTIE1Doj6m2nPyRjH6c7eUR170420.shtml.

② 佚名. 教育部三项成果纳入第二届“一带一路”国际合作高峰论坛成果清单［EB/OL］.［2023-05-29］. http://www.moe.gov.cn/jyb_xwfb/gzdt_gzdt/moe_1485/201904/t20190428_379826.html.

③ 苏少华，江晓花，陶莹，等. 上海电力学院：构建“一带一路”电力紧缺人才立体化培养模式［J］. 中国电力教育，2018（9）：32-34.

④ 王志坚，唐敏，潘蕊，等. 云南电网培评中心：为澜沧江-湄公河次区域培养电力人才［J］. 中国电力教育，2018367（9）：11-13.

2022年，邀请青年科学家来中国开展短期科研工作2 500人次，培训科技和管理人员5 000人次，投入运行联合实验室50家，[①]提升了参加“一带一路”建设国家的创新能力和管理能力。资金融通为“一带一路”建设提供金融保障。2018年4月，中国-国际货币基金组织联合能力建设中心启动，为共建“一带一路”国家提供宏观经济等方面的培训，为共建“一带一路”国家的金融等专业能力建设提供支撑服务。[②]中方的培训项目提高了共建“一带一路”国家创新、技术、金融、管理等各领域专业能力。

中国政府还通过扶持智力引进培训项目，提高共建“一带一路”国家的治理能力。国家外国专家局已举办23期发展中国家智力引进官员研修班，有80多个国家的663名官员来中国进行学习和交流，[③]学习中国的改革开放经验，特别是中国通过引进外国人才和智力推进国家和社会发展的经验。智力引进培训项目助力共建“一带一路”国家的治理能力提升。

相关案例不胜枚举。“一带一路”建设让斯里兰卡、巴基斯坦、马尔代夫、柬埔寨、老挝等共建“一带一路”国家有了世界一流技术标准的公路、铁路、桥梁、港口、机场、电站、水利、通信等大型基础设施，助力共建“一带一路”国家工业化进程。这些高技术含量的产业为当地民众提供了高质量的就业机会。在“一带一路”建设中，中国企业为共建“一带一路”国家带来世界一流的技术，提高了当地民众的收入水平、福利水平，提供了良好的教育、培训和医疗条件，提高了员工的技能水平，改善了当地民众的生产、生活条件，提高了

① 新华社. 习近平在“一带一路”国际合作高峰论坛开幕式上的演讲［EB/OL］.［2024-05-14］. http: //www.xinhuanet.com/politics/2017-05/14/c_1120969677.htm.

② 刘玉龙. 中国-国际货币基金组织联合能力建设中心正式启动［EB/OL］.［2023-05-29］. https: //www.gov.cn/xinwen/2018-04/12/content_5282022.htm.

③ 于佳. 一个人走得快，一群人走得远——记2018年“一带一路”国家企业转型与创新管理研修班［J］. 国际人才交流，2018（10）：41-43.

共建“一带一路”国家的就业质量。

第四节　本章小结

劳工雇佣条件标准具备经济和制度双重属性，因共建“一带一路”国家政治、经济、文化水平的多样性而呈现出巨大差异。随着全球经济不确定性增加、地缘政治冲突加剧、经济下行压力日益严峻，劳动条件标准成为亟须重视的风险点。尤其是以工会为代表的劳动者利益团体会对劳工市场的管制施加压力，劳资纠纷增多可能对我国在共建“一带一路”国家的投资经营造成损失。劳动者组建工会后，与雇主就双方关注的雇佣相关内容展开谈判，就劳动条件、劳动报酬、劳动保障等劳资问题表达诉求。工会运用集体谈判和磋商等制度进行职业保障，包括增加雇佣需求、采取外籍劳工从业限制等举措。

中国在共建“一带一路”国家的投资项目通常需要派遣大量中国技术工人以及雇用一部分当地劳工，这可能触及劳动者权益保护政策。企业是中国对外经济合作的微观主体，对外投资过程中会遇到劳动与雇佣管制方面的法律风险，而工会往往可能被共建“一带一路”国家的法律赋予相当大的权力，进而左右劳工政策的谈判并影响企业的正常经营发展。因此，在“一带一路”建设过程，企业还应关注工会和其他非政府组织对“一带一路”项目建设运营的特殊影响。

一、共建“一带一路”国家的工会特点

随着多边贸易合作的联系愈加紧密，劳动与雇佣管制势必不会缺少工会组织的参与。共建“一带一路”国家给予工会的权力存在差异，而工会的运行机制也有所不同。各国对工会组建的门槛要求高低

将直接影响工会的数量和作用，不同的工会组建环境也会对中国企业对外投资有非常重要的影响。一方面，法律对组建工会要求较低、赋予工人组建工会较大自由的国家，工会组建率将持续走高，工会数量不断增加。随着工会的影响力增强，一旦劳工切身利益受到侵犯且其不满情绪上涨，就可能出现罢工等对抗行为，若罢工规模扩大，会使“一带一路”经济合作出现停摆；另一方面，同一企业内部存在的工会数量过多，工会管理相对碎片化，容易引起工会之间恶性竞争以及出现彼此冲突的现象。[①]投资方可能与某个工会或某几个工会达成协议，在一定程度上压缩了劳动者通过工会行使合法权利的空间。由此看来，工会数量与工会影响力之间并不存在完全的对等关系，工会权力的大小主要由各国法律法规赋予。在与法律赋予工会较大权力的共建“一带一路”国家合作时，我国企业应高度重视东道国工会的作用，积极应对劳工合规要求。

二、工会法律风险和劳动与雇佣管制

劳工雇佣风险来源之一便是各类工会组织及其社会运动。各个国家对罢工有不同的法律环境，若工会影响力较大，则能够引发罢工事件，导致“一带一路”建设可能遇到罢工频发的法律风险。[②]有资料显示，共建“一带一路”国家的工会制度存在较大差异，劳动法律法规体系的完备性也有所不同，从而导致工会组织对劳工保护的程度大不相同。共建“一带一路”国家的罢工规定存在严苛和宽松两个特点，工会组建也有明确和不明确之分。中国“一带一路”建设难免会触碰当地劳工的自身权益甚至是其他非商业利益，很可能引发劳工的

① 陆海燕．发展中国家劳资关系及其行动者研究——基于越南、印度以及中国的比较研究［J］．理论月刊，2015（1）：183-188.

② 商务部．“走出去”公共服务平台［EB/OL］．［2023-05-29］．http：//fec.mofcom.gov.cn/article/gbdqzn/index.shtml#.

不满情绪，这时更应该关注东道国的工会势力和工会运行方式。例如，部分企业对当地法律法规及文化习俗缺乏了解，管理中存在简单粗暴、沟通不畅的情况，加剧了劳资关系紧张。工会通过组织成员开展罢工等形式的反抗，增加了“一带一路”投资项目的法律风险。

由于劳工政策、理念与文化不同，我国工会制度与共建“一带一路”国家工会制度存在较大的差异。我国国内工会组织的影响力较弱，我国在对外贸易合作中很可能习惯性地将本国的工会模式应用到海外，可能导致劳动与雇佣管制发生冲突。对国外工会法律制度缺少了解，在应对与工会的纠纷时准备不足，也会导致工会法律风险的产生与扩大，加剧其后果的严重性，进一步挑起劳资双方的对立。在这种情况下，中国对外经济合作不仅要遵守当地劳动方面的法律法规，保护当地劳工的切身利益，还要避免因法律和文化冲突造成工会抗议活动。针对不同的法律规制环境，在“一带一路”建设过程中，我国企业采取的措施也应因地制宜。

第六章

共建“一带一路”国家劳务合作中的劳动与雇佣管制：基于三个国家的案例研究

第一节　中国与塞尔维亚劳务合作中的劳动与雇佣管制研究

一、中塞合作的基础与现状分析

1. 中塞合作的基础

中国与塞尔维亚于2015年11月26日签署了政府间共同推进“一带一路”建设的谅解备忘录。[①]2016年6月，习近平主席对塞尔维亚进行具有划时代意义的访问。访问期间，中塞签署了20多项协议，为双方未来合作指明了方向。2017年5月，武契奇总统赴华出席“一带一路”高峰论坛。在中东欧地区，塞尔维亚是首个同中国建立全面战略伙伴关系的国家。在西巴尔干地区，塞尔维亚第一个同中国签署了“一带一路”建设谅解备忘录。2016年9月，中国与塞尔维亚、土耳其、俄罗斯等共建“一带一路”国家达成标准化合作协议。双方将深化合作，在相关领域采用对方标准，提高政策沟通和贸易畅通水平，为中塞双方扩大和加深合作奠定了坚实的基础。塞尔维亚是中东欧地区第一个与我国建立全面战略伙伴关系的国家，截至2018年，塞尔维亚也是“一带一路”倡议在欧洲取得最多成果的国家。[②]塞尔维亚在基础设施、能源、产能合作等领域具有迫切的需求，中国在资金、技术、管理等方面有明显优势，双方互补性强，具有互利共赢的基础。

双方已签署多项合作协议，如《关于共同推进“一带一路”建设的谅解备忘录》《关于建立全面战略伙伴关系的联合声明》《中塞关于

① 杜洋. 习近平同中东欧五国领导人共同见证签署“一带一路”建设谅解备忘录[EB/OL]. [2023-05-29]. https://www.chinanews.com.cn/tp/hd2011/2015/11-26/585506.shtml.

② 佚名. 万里智库出访塞尔维亚 探究“一带一路”倡议中的新机遇[EB/OL]. [2024-05-16]. http://finance.ce.cn/home/jrzq/dc/201901/21/t20190121_31318034.shtml.

加强“网上丝绸之路”建设合作促进信息互联互通的谅解备忘录》《关于共同编制中塞“一带一路”框架下双边合作规划的谅解备忘录》等，明确基础设施建设是中塞合作的重点方向。

2. 中塞合作典型项目

中国对塞方基础设施投资在中东欧居首位[①]，中方企业承建的项目有桥梁项目、铁路项目、通信系统项目等。桥梁项目如贝尔格莱德“泽蒙-博尔查”跨多瑙河大桥，是与伏尔加河齐名的多瑙河上首座新建大桥，由中国路桥工程有限责任公司承建。该项目包括1 500米主桥及21公里附属连接线，主桥为预应力钢筋混凝土连续梁公路桥，主跨172米，主跨长度在世界同类桥梁中排名第三位。2010年4月15日，中国路桥工程有限责任公司与塞方签署约2.6亿美元的项目商务合同，资金的85%由中方优惠出口买方信贷提供，塞方给予主权担保，是塞方第一个使用中方优买信贷的项目，其余的15%预付款由塞方提供。2010年7月，吴邦国委员长访塞期间，双方签署了贷款协议并举行了项目奠基仪式。[②]2014年12月18日，项目胜利竣工。这是塞尔维亚近70年来在多瑙河上新建的首座大桥。很多当地人称这座大桥为“中国桥”。[③]该项目是2009年中塞两国在北京签署《两国政府间基础设施领域经济技术合作协定》后，中国企业在塞承建的第一个大型基础设施项目，也是中国企业在欧洲承建的第一座桥梁，被誉为“欧洲第一桥”。[④]塞方主管部门表示，大桥项目是近年来塞基

① 佚名. “一带一路”峰会将召开 塞尔维亚总理武契奇：中国技术是世界顶级［EB/OL］.［2024-05-16］. https：//www.guancha.cn/politics/2017_05_11_407891_1.shtml.

② 中华人民共和国驻塞尔维亚共和国大使馆经济商务参赞处. 塞尔维亚基本情况及我“一带一路”倡议实施条件［EB/OL］.［2024-05-16］. http：//rs.mofcom.gov.cn/article/ztdy/201503/20150300910892.shtml.

③ 光明日报社代表团. “一带一路”建设是中国企业的机遇也是塞尔维亚人民的福音［N］. 光明日报，2017-05-02（10）.

④ 中华人民共和国驻塞尔维亚共和国大使馆经济商务参赞处. 塞尔维亚基本情况及我“一带一路”倡议实施条件［EB/OL］.［2024-05-16］. http：//rs.mofcom.gov.cn/article/ztdy/201503/20150300910892.shtml.

建项目唯一按期完工且不超预算的大项目，[①]体现了中国的技术实力。

铁路项目有匈塞高铁，匈塞高铁是“一带一路”合作的典范。中塞两国于2015年签署了匈塞高铁现代化建设协议，中国与塞尔维亚、匈牙利合作建设的匈塞高铁成为中国的“欧洲走廊”。[②]匈塞高铁在塞境内项目金额3.5亿美元，项目于2017年11月开工，[③]于2023年竣工。中国高铁为当地带来世界一流的技术，提高了塞方的技术水平。2017年1月，中国土木工程公司与塞方铁路公司签署了修复改造“铁路线汇合点G—拉科维察—雷斯尼克”段铁路项目，这是中国公司在塞实施的第一个使用欧盟资金的铁路项目。[④]2017年3月底，项目开工，这在当地具有很强的示范效应。

公路项目的代表有贝尔格莱德环城路。中国水电建设集团与阿塞拜疆公司合作，承建该项目[⑤]塞尔维亚E763高速公路，这是连接首都贝尔格莱德与黑山出海口巴尔港的出海通道。[⑥]E763高速公路项目金额约3.8亿美元，全长约300公里，是欧洲11号走廊塞方段，是连接巴尔干地区的重要运输通道，是中国在欧洲建设的第一条高速公路。武契奇总统称赞双方团队工作作风高效务实，表示中国凭一流的技术，使隧道顺利贯通。该高速公路第3、4、5标段2019年8月通车。[⑦]该高速公路提高了运输效率，促进了巴尔干地区的经贸往来，

---

① 中华人民共和国驻塞尔维亚共和国大使馆经济商务参赞处. 塞尔维亚基本情况及我“一带一路”倡议实施条件［EB/OL］.［2024-05-16］. http: //rs.mofcom.gov.cn/article/ztdy/201503/20150300910892.shtml.

② 杨柳. 塞尔维亚驻华大使：塞尔维亚全力支持“一带一路”倡议［EB/OL］.［2024-05-16］. http: //www.chinanews.com/gn/2017/05-14/8223245.shtml.

③ 高江虹. 匈塞铁路棋局：中国首个欧洲铁路基建项目历时四年开工［N］. 21世纪经济报道，2017-12-07（17）.

④ 黄猛. “一带一路”形势下，中资基建企业在塞尔维亚的风险分析［EB/OL］.［2024-05-16］. http: //www.fx361.com/page/2017/0407/1466104.shtml.

⑤ 张智勇. 中塞关系进入全面发展的黄金时期——访中国驻塞尔维亚大使李满长［N］.［2024-05-16］. 光明日报，2017-02-11（08）.

⑥ 刘俊. 交通部长来啦！李小鹏调研塞尔维亚E763项目［EB/OL］.［2024-05-16］. https: //www.sohu.com/a/260349398_739449.

⑦ 佚名. 山东高速承建的塞尔维亚E763高速公路通车［EB/OL］.［2024-05-16］. https: //user.guancha.cn/main/content? id=161022&s=fwzwyzzwzbt.

带动了塞尔维亚物流业的发展和GDP增长，①为当地创造了就业机会，提供了出行便利，提高了就业质量。

通信系统项目的代表有中塞铁路通信系统现代化项目。中塞铁路通信系统现代化项目提高了塞方的信息化水平。2013年8月，中塞两国签署了通信技术合作谅解备忘录。②华为公司参与中塞铁路通信系统现代化项目，该项目金额2亿欧元，将申请中国优买贷款。该项目包括改造塞方铁路通信系统，提高其运力、现代化、信息化水平。③华为公司是世界顶尖公司，技术水平居全球领先地位，中塞铁路通信系统现代化项目大大提升了塞方信息化技术水平。

电力项目的代表有塞尔维亚科斯托拉茨火电站，这是中国在欧洲总承包的第一个电力项目。④2013年11月，中塞双方签署了科斯托拉茨二期项目合同，金额约7.2亿美元。该项目使用中国优惠贷款，承担塞方约20%的电力供应，保证塞方得到稳定的电力供给，将极大地促进塞尔维亚的经济发展。该项目注重环境保护，排放达到2018年欧盟环保标准。⑤该项目为塞尔维亚创造大量就业机会，周边的基础设施得到改善，提高了当地的福利水平。

中塞在钢铁项目上的合作也有重大成果。中国河钢集团（以下简称河钢）收购斯梅代雷沃钢厂是“一带一路”建设的样板，使塞方钢厂重获新生。斯梅代雷沃钢厂是百年钢厂（建于1913年），是塞方唯一国有大型支柱钢企，曾为斯梅代雷沃市贡献四成财政收入。20世

---

① 佚名．中企承建高速公路通车 塞总统：这条路对未来发展至关重要［EB/OL］．［2024-05-16］．https：//news.ifeng.com/c/7sYPmyde7mK.

② 佚名．中国与塞尔维亚签署信息通信领域合作谅解备忘录［EB/OL］．［2024-05-16］．http：//www.gov.cn/gzdt/2013-08/28/content_2475525.htm.

③ 中华人民共和国驻塞尔维亚共和国大使馆经济商务参赞处．塞尔维亚基本情况及我“一带一路”倡议实施条件［EB/OL］．［2024-05-16］．http：//rs.mofcom.gov.cn/article/ztdy/201503/20150300910892.shtml.

④ 王慧娟．中国火电助推塞尔维亚能源产业发展［EB/OL］．［2024-05-16］．http：//www.xinhuanet.com/world/2015-08/24/c_1116349379.html.

⑤ 赵芃．中塞两国企业签署修建科斯托拉茨电站项目合同［EB/OL］．［2024-05-16］．https：//news.sina.com.cn/o/p/2013-11-21/105128771395.shtml.

纪90年代，该钢厂经营陷入困境，2003年由美国美钢联集团以2 300万美元收购。2012年，美国美钢联集团持续亏损，决定撤资，以象征性的1美元将该钢厂卖给塞尔维亚政府。①回购后的斯梅代雷沃钢厂（以下简称塞钢）经营面临严重困难，每月亏损1 000万美元，②塞方每年要支出1.5亿美元支撑其运行。2015年11月，武契奇总理访华时真诚地说，希望河钢救救塞钢，塞钢的员工需要就业。2016年4月，河钢以4 600万欧元收购塞钢。河钢收购塞钢后没有裁员1人，中方常驻塞方只有9人的管理团队，塞钢用半年时间实现了盈利，扭转了之前连续7年亏损的局面，保住了5 000多名员工的就业；③还带动了钢厂供应商、服务商等上下游产业的发展，促进了钢厂所在城市的繁荣。河钢不负重托，2019年4月，其塞钢管理团队被中宣部授予“时代楷模”称号。④

河钢盘活了塞钢，促进了当地经济增长，提高了就业质量。武契奇总统说，塞钢起死回生充分证明“一带一路”建设为塞方带来了经济增长和就业增加。⑤2017年，河钢塞钢公司实现产值7.5亿美元，约占塞尔维亚GDP的2%，⑥向当地纳税3 900万美元。⑦2018年，河钢塞钢公司实现销售收入10.6亿美元，比上年提高了41%，成为塞方最大的出口企业。河钢塞钢公司的重生为当地带来巨大变化，斯梅代雷沃市年财政收入比原来多了1倍以上，失业率下降了12%，婴儿出

① 佚名．是谁让这家欧洲钢企起死回生？［EB/OL］．［2024-05-16］．http：//hebei.hebnews.cn/2019-04/29/content_7392902.htm？spm=zm1018-001.0.0.1.CvBhaX.

② 中华人民共和国商务部．中国对外投资发展报告2018［R/OL］．［2024-05-16］．https：//images.mofcom.gov.cn/fec/201901/20190128155348158.pdf.

③ 佚名．是谁让这家欧洲钢企起死回生？［EB/OL］．［2024-05-16］．http：//hebei.hebnews.cn/2019-04/29/content_7392902.htm？spm=zm1018-001.0.0.1.CvBhaX.

④ 佚名．中宣部授予河钢集团塞尔维亚公司管理团队“时代楷模”称号［N］．人民日报，2019-04-26（10）．

⑤ 佚名．是谁让这家欧洲钢企起死回生？［EB/OL］．［2024-05-16］．http：//hebei.hebnews.cn/2019-04/29/content_7392902.htm？spm=zm1018-001.0.0.1.CvBhaX.

⑥ 垦迪．塞尔维亚，快速发展的“中国铁杆”［N］．环球时报，2019-05-14（07）．

⑦ 王慧娟．塞尔维亚总统称赞中企收购让塞钢铁厂获得成功和进步［EB/OL］．［2024-05-16］．http：//world.people.com.cn/n1/2018/0706/c1002-30132209.html.

生率在该国排名第一。河钢塞钢公司是塞方就业人数最多的企业。[①]员工弗拉迪米尔·伊利奇说，原来不知道明天会不会失业，现在收入增长了30%，对未来很有信心。斯内扎娜·德韦切尔斯基一家三代在钢厂工作，她对现在的工作感到满意。[②]钢厂十分重视人才培养，邀请塞方管理和技术骨干到河钢进行培训。[③]在河钢塞钢公司工作，工人收入增加、技能提升、满意度提高。

此外，中塞在文化方面也有深厚的交流基础，中塞友谊历史铭记、代代相传。中塞友谊源远流长，20世纪90年代初，山东高速集团在南斯拉夫专家的支持下，建起了山东省第一条高速公路（济南到青岛）。如今，山东高速集团已发展成为包含铁路、航运、港口、物流、投资等多项经营业务的国际化企业集团，资产总额达4 000亿元，年利润50亿元。发展壮大的山东高速集团怀着感念之心，开始用雄厚的资金和领先的技术帮助塞尔维亚发展。[④]1999年，以美国为首的北约轰炸了中国驻南联盟大使馆，使这里成为一片废墟。塞尔维亚感谢中国在其最艰难时刻给予的帮助，在废墟上建起了一座纪念碑，上面写着“谨此感谢中华人民共和国在塞尔维亚共和国人民最困难的时刻给予的支持和友谊，并谨以此缅怀罹难烈士”。20多年过去了，山东高速集团投资建设的“中国文化中心”在废墟旁崛起。奠基时，来自中国的石碑上写着“缅怀烈士 珍爱和平 谨以此纪念在北约轰炸中华人民共和国驻南斯拉夫联盟共和国大使馆中牺牲的邵云环、许杏虎、朱颖烈士”。[⑤]2013年，山东高速集团以429万美元收购了中

① 佚名．是谁让这家欧洲钢企起死回生？［EB/OL］．［2024-05-16］．http://hebei.hebnews.cn/2019-04/29/content_7392902.htm？spm=zm1018-001.0.0.1.CvBhaX.

② 张翼．中塞携手百年钢厂重现活力［N］．光明日报，2018-08-20（01）．

③ 佚名．是谁让这家欧洲钢企起死回生？［EB/OL］．［2024-05-16］．http://hebei.hebnews.cn/2019-04/29/content_7392902.htm？spm=zm1018-001.0.0.1.CvBhaX.

④ 张棉棉，朱敏，刘颖超．中国文化中心在塞尔维亚破土动工［EB/OL］．［2024-05-16］．http://news.ifeng.com/a/20160618/49178787_0.shtml#！/xh.

⑤ 张棉棉，朱敏，刘颖超．中国文化中心在塞尔维亚破土动工［EB/OL］．［2024-05-16］．http://news.ifeng.com/a/20160618/49178787_0.shtml#！/xh.

国驻南联盟大使馆旧址的土地使用权。[①]2016年6月，山东高速集团投资约5 500万欧元在此建设“中国文化中心”，该中心建筑面积3.4万平方米。[②]6月17日，习近平主席与塞尔维亚总统为“中国文化中心”奠基。它是西巴尔干地区第一个“中国文化中心”，是当地人民学习中国文化的基地和了解中国的窗口。[③]

2016年12月15日，在中国-中东欧国家智库研讨会闭幕式中，中国社科院国家高端智库首席专家蔡昉表示，在中国和中东欧16国合作中，人文交流始终发挥着建设性作用。塞尔维亚第一副总理伊维察·达契奇表示，在基础设施和能源等领域，双方有典型的旗舰项目，如桥梁、匈塞铁路、火电站和河钢塞钢公司等项目。今后，塞方将在“一带一路”和“16+1合作”框架下不断深化与中国的合作。[④]

近年来，中国到塞尔维亚旅游人数屡创新高，为当地增加就业、提高收入做出贡献。2017年1月15日起，塞尔维亚对中国实施免签。[⑤]中国赴塞尔维亚旅游人数不断增多。2017年，中国赴塞尔维亚游客从过去的几千人次猛增到5万人次；2018年创新高，达到10万人次。中国成为塞尔维亚境外游客数量增速最快的国家，[⑥]同比增长高达98%，中国成为塞尔维亚第二大国外客源地。[⑦]塞尔维亚人对中国人十分友好。2018年塞尔维亚实现15亿美元旅游净外汇收入，

---

① 商务部对外投资和经济合作司，商务部国际贸易经济合作研究院，中国驻塞尔维亚大使馆经济商务处．对外投资合作国别（地区）指南——塞尔维亚（2023年版）[R/OL]．[2024-05-16]．https：//www.mofcom.gov.cn/dl/gbdqzn/upload/saierweiya.pdf.

② 宋磊．山东高速投建中国驻前南大使馆原址文化中心项目 [EB/OL]．[2024-04-23]．http：//sd.ifeng.com/a/20160619/4661844_0.shtml.

③ 张棉棉，朱敏，刘颖超．中国文化中心在塞尔维亚破土动工 [EB/OL]．[2024-05-16]．http：//news.ifeng.com/a/20160618/49178787_0.shtml#！/xh.

④ 宫雨霏．中国—中东欧国家智库相聚北京促人文交流 [EB/OL]．[2024-05-13]．http：//www.chinanews.com/cul/2016/12-15/8095365.shtml.

⑤ 赵洪超．中国和塞尔维亚互免签证将于2017年1月15日起正式生效 [EB/OL]．[2024-05-09]．https：//news. cctv. com/2016/12/30/ARTIN020T7AQnnU1wdQE6kuw161230.shtml.

⑥ 垦迪．塞尔维亚，快速发展的“中国铁杆”[N]．环球时报，2019-05-14（07）.

⑦ 中华人民共和国商务部．2018年中国访塞尔维亚游客首次突破10万人次 [EB/OL]．[2024-05-23]．http：//www. mofcom. gov. cn/article/i/jyjl/m/201902/20190202835551.shtml.

2019年则达17亿美元。[①]这促进了塞尔维亚旅游业的发展，为当地旅游业贡献了就业机会，提高了相关从业人员的收入，提高了就业质量。

3.中塞经贸合作的成效

在“一带一路”建设中，中塞经贸合作显著改善了塞方的经济社会发展和就业状况。中塞双边贸易额不断增加，塞方失业率不断下降。中国长期保持塞尔维亚第五大贸易伙伴的地位。[②]中塞贸易稳中有升，2012—2022年，中塞贸易额由5.1亿美元增至35.5亿美元。中国主要出口商品为电机、电视和机械设备等，主要进口商品为矿石、电机、木制品等。[③]“一带一路”建设促进了中塞贸易发展，扩大了塞尔维亚对中国的出口，也促进了塞尔维亚对其他国家的出口，带动了当地的就业。塞尔维亚的失业率由2012年的24%下降到2022年的9.4%，见表6-1。

表6-1　**中国与塞尔维亚贸易额和塞尔维亚失业率情况表**　金额单位：亿美元

年度	2012	2013	2014	2015	2016	2017	2018	2019	2020	2021	2022	合计
贸易额	5.1	6.1	5.4	5.5	6.0	7.6	9.5	13.9	21.2	32.4	35.5	148.2
失业率	24.0%	22.2%	19.2%	17.9%	15.3%	13.5%	12.7%	10.4%	9.0%	11.1%	9.4%	—

资料来源：根据商务部商务数据中心、世界银行、香港环亚经济数据有限公司（CEIC）数据整理。

在“一带一路”建设中，中国对塞尔维亚的投资持续增加。2015

① 佚名. 2019中塞“一带一路”务实合作将迈向新台阶［EB/OL］.［2024-04-30］. https://www.sohu.com/a/299981664_100048837.

② 中华人民共和国驻塞尔维亚共和国大使馆经济商务参赞处. 塞尔维亚基本情况及我“一带一路”倡议实施条件［EB/OL］.［2024-05-16］. http://rs.mofcom.gov.cn/article/ztdy/201503/20150300910892.shtml.

③ 佚名. 中国自塞尔维亚进口连续两年保持两位数增长［EB/OL］.［2024-05-24］. https://caijing.chinadaily.com.cn/2017-02/07/content_28119414.htm.

年，中国和塞尔维亚签署共建“一带一路”政府间谅解备忘录。[①] 2015年以后，中国对塞尔维亚的投资大幅增长，投资额从2015年的763万美元增加到了2021年的20 576亿美元。其中，中国对塞尔维亚的投资自2015年以后连续3年跨越式增长。美国哈佛大学研究员菲利普·勒科尔和博士生武克·武克桑诺维奇提到，塞尔维亚谋求加入欧盟，但进展缓慢，转而求助中国。塞尔维亚政府行动迅速，中塞两国的投资直线上升。[②]中国企业的大量投资投入塞尔维亚经济发展急需的高速公路、高铁、火电站、通信等大型基础设施和国际产能合作等领域，改变了塞尔维亚基础设施、工厂和社会环境等陈旧、落后的面貌，为塞尔维亚经济发展提供了强劲的动能，使塞尔维亚发生了巨大的变化。现代化的基础设施和企业极大改善了当地的生产、生活条件，促进了塞尔维亚经济增长和就业。塞尔维亚GDP增长率在2021年已达到7.6%，见表6-2。

表6-2 **中国对塞尔维亚直接投资流量、存量和塞尔维亚GDP增长率情况表** 金额单位：万美元

年度	2014	2015	2016	2017	2018	2019	2020	2021
投资流量	1 169	763	3 079	7 921	15 341	3 360	13 931	20 576
GDP增长率	−1.6%	1.8%	3.3%	2.1%	4.4%	4.3%	−0.9%	7.6%
投资存量	2 971	4 979	8 268	17 002	27 141	16 473	31 057	48 229

资料来源：根据2014—2021年度中国对外直接投资统计公报、世界银行数据整理。

此外，中国对塞援助也有效地促进了塞尔维亚经济社会发展和就

① 佚名.“一带一路”峰会将召开 塞尔维亚总理武契奇：中国技术是世界顶级［EB/OL］.［2024-05-28］. https://www.guancha.cn/politics/2017_05_11_407891.shtml.

② 佚名. 美媒文章：塞尔维亚助中国挺进巴尔干［EB/OL］.［2024-05-11］. https://baijiahao.baidu.com/s?id=1621519487523041170&wfr=spider&for=pc.

业。中国是塞尔维亚主要援助国。20世纪70年代改革开放初期，塞方曾给予中方援助，对此中国人民不会忘记，[①]所以中方始终积极开展对塞援助。1999—2013年，塞尔维亚共接受援助116亿欧元，平均每年7亿欧元，主要援助方为欧洲国家、欧洲投行、世界银行，以及美、中、日等国。[②]自2006年以来，中国通过签署《中塞经济技术合作协定》等向塞方提供物资援助，促进塞尔维亚医疗、教育、公共管理等领域建设和条件改善。2014年5月，塞尔维亚遭遇了百年不遇的洪灾，中方及时向塞方提供了500万元人民币援助，还帮助塞尔维亚进行灾后重建。2014年12月，中方又为塞方提供了3 500万元人民币援款。自2006年至今，中国对塞尔维亚提供了1.15亿元人民币无偿援助。同时，中国通过多边和双边培训班等形式为塞政府部门、企事业单位等培养贸易、投资、能源、农业、公共管理、医疗卫生等诸多领域的管理、技术人才。截至2014年，中国为塞尔维亚培训了约500名学员，为促进双边友好发挥了重要作用。[③]2019年4月，我国国家国际发展合作署与塞方交通与基础设施部签署新的合作协议，[④]将在相关领域继续对塞进行援助，这会改善塞尔维亚经济社会发展环境，为其创造良好的就业机会。

中国在塞尔维亚积极开展贸易、投资、援助、文化交流等活动，提高当地就业质量。“一带一路”建设在塞尔维亚取得极大成功，改善了塞尔维亚交通、电力、通信等基础设施状况，为塞尔维亚经济发

---

① 中华人民共和国驻塞尔维亚大使馆. 李满长大使在塞尔维亚媒体发表署名文章宣介“一带一路”倡议［EB/OL］.［2024-04-27］. http://rs.chineseembassy.org/chn/sgxx/sghd/t1539167.htm.

② 商务部对外投资和经济合作司，商务部国际贸易经济合作研究院，中国驻塞尔维亚大使馆经济商务处. 对外投资合作国别（地区）指南——塞尔维亚（2023年版）［R/OL］.［2024-05-16］. https://www.mofcom.gov.cn/dl/gbdqzn/upload/saierweiya.pdf.

③ 中华人民共和国驻塞尔维亚共和国大使馆经济商务参赞处. 塞尔维亚基本情况及我“一带一路”倡议实施条件［EB/OL］.［2024-05-16］. http://rs.mofcom.gov.cn/article/ztdy/201503/20150300910892.shtml.

④ 国家国际发展合作署. 中国与塞尔维亚签署合作协议［EB/OL］.［2024-05-18］. http://www.cidca.gov.cn/2019-05/13/c_1210132759.htm.

展提供了强劲动能，挽救了濒临倒闭的斯梅代雷沃钢厂，促进了塞尔维亚经济增长，为塞尔维亚贡献了大量就业，提高了就业质量，造福了当地人民。美国哈佛大学高级研究员菲利普·勒科尔和博士生武克·武克桑诺维奇指出，2008年的金融危机使塞尔维亚高层感到西方国家其实很脆弱。[①]塞尔维亚抓住了在“一带一路”建设中与崛起中的中国合作的机会。近年来，欧洲复兴开发银行的代表主动找到中国大使馆，希望与中企合作，这是以往没有过的。[②]中国在他国危难之时伸出援手，使他国从困境中走出来，由此结下了深情厚谊。中国在塞尔维亚用实实在在的建设成果，使“一带一路”建设在中东欧、欧洲地区，以及世界范围内赢得了他国的信任和赞誉，产生了积极的示范效应。

二、塞尔维亚劳动力市场基本情况

1.劳动力资源比较充足，劳动力素质较高

塞尔维亚实行8年义务教育制度，接受高等教育的费用较低，全国约有14%的人口受过高等教育。塞尔维亚有约456.5万适龄工作人口（15~64岁），大学以上学历的占10.6%，懂英文的占40%，拥有大批高级技工、工程师、科研人员等。塞尔维亚大中院校每年分别培养博士、硕士研究生，大学毕业生400人、1 000人、4.3万人；高中毕业生7.5万人。其中，约三成毕业于技术专业，不断充实劳动力队伍。

2.失业率较高，外籍劳动力市场规模较小

塞尔维亚需要的外籍劳动力主要是IT产业以及高新工业技术人员。

---

① 佚名．美媒文章：塞尔维亚助中国挺进巴尔干［EB/OL］．［2024-05-12］．https：//baijiahao.baidu.com/s？id=1621519487523041170&wfr=spider&for=pc.

② 张智勇．中塞关系进入全面发展的黄金时期——访中国驻塞尔维亚大使李满长［N］．2017年2月11日，光明日报，2017-02-11（08）．

3.劳动力价格相对周边国家具有一定优势

2019年，塞尔维亚平均税前月工资约为82 257第纳尔，工资水平最高的是金融业、石化业、信息通信业等，工资水平最低的是农林渔业、住宿和餐饮业、批发零售业等。塞尔维亚工程师、技术人员良好的教育背景（70%以上具有大学及以上学历）和相对较低的薪金水平（税前月工资1 000~2 000欧元）是其信息通信技术产业的核心竞争优势。

4.社会保险费率较高

社会保险福利捐税含医疗保险，占个人收入约四成，单位和员工各承担约两成（养老和伤残险、医疗险、失业险占比分别为14%、5.5%、0.75%，共20.25%）。

5.工会历史悠久，影响力很大

在南联盟时期，工会拥有企业的最高权力。在塞尔维亚经历经济体制转型、产权私有化等变革后，工会仍有重要影响。

三、塞尔维亚劳动与雇佣管制内容分析

塞尔维亚劳动力素质较高，劳动力资源比较丰富，劳动力价格相对周边国家也具有一定优势，2019年平均税前月工资约为82 257第纳尔。

本部分主要从劳动关系的确立与终止、劳动者权利与义务、最低工资、社会保险与福利、职业安全与卫生、工作时间及休息休假、外籍劳工限制、外国承包商限制、外国直接投资激励等方面对塞尔维亚劳动与雇佣管制的内容进行分析。

1.劳动关系的确立与终止

就业要依法签订劳动合同，内容包含甲乙双方名称（姓名）和地址（居住地）、乙方工作内容和地点、以固定工或是临时工的方式劳

动、合同期限、工作时间、薪酬和薪酬支付期限等。甲乙双方须以书面形式解除劳动合同，并提前15天送至对方。

2.劳动者权利与义务

《塞尔维亚劳动法》规定了劳动者的权利、义务和劳动责任。劳动者需依照个人所得税法缴纳个人所得税。

3.最低工资

最低工资按塞尔维亚的法律法规执行。塞尔维亚劳动力成本相对较低，最低工资标准约270欧元/月。

4.社会保险与福利

缴纳社会保险是甲乙双方的法定义务。塞尔维亚关于社会保险的法律法规主要包括强制性社会保险缴款法、就业与失业保险法、养老金与残疾人保险法等。

5.职业安全与卫生

在职业安全与卫生方面，须按照工作安全与健康法保障劳动者的安全与健康。

6.工作时间及休息休假

每周工作五天，周六、周日为公休日。塞尔维亚的法定节假日有8个。其中，1月有4个：新年、东正教圣诞节、东正教新年、东正教圣萨瓦节，分别在1月1—2日、7日、14日、27日；2月15日是国家日；5月有2个：国际劳动节、胜利日，分别在5月1—2日、9日；还有春分月圆后第一个星期日的东正教复活节。

7.外籍劳工限制

塞尔维亚失业率较高，这是企业进入塞尔维亚劳务市场的最大障碍，塞方严格控制外国人就业，工作许可和入境签证都有严格限制条件。关于外国人就业的法律法规有《塞尔维亚外国人就业法》等。

外国人在塞尔维亚工作须持居留许可，每年申办一次。获得居留许可后，外国劳动者可向就业部门申办工作许可证，工作许可证的有效期为1年。

根据塞尔维亚法律，外国人在抵达塞尔维亚后24小时内须向当地警察机构申办临时居留许可，凭临时居留许可在30日内申办工作许可证。如逾期未能及时取得工作许可证，须向发放临时居留许可的内务部外国人管理处申请延期居留许可；否则，临时居留许可失效造成违法停留，将被诉诸法律。

一般来说，工作许可证有两种类型：个人工作许可证与工作许可证。个人工作许可证根据个人要求发给外国人，允许外国人签订劳动合同，在个体经营以及在失业的情况下行使权力。个人工作许可证发放给持有永久居留许可的外国人、难民和某些特殊关别的外国人，也可以为家庭团聚发放个人工作许可证。工作许可证则根据雇主的要求发放（除个体经营工作许可证外），它有三种不同类型：就业工作许可证、个体经营工作许可证、特殊情况工作许可证。外国人只能从事工作许可证许可的工作。申请工作许可证的行政费用约为100欧元。

在出入境规制方面，在塞尔维亚工作的外国人必须获得临时居留许可（D型签证）。提交申请时，需向内务部提交以下文件：两张照片、白卡（到达登记卡）的复印件、护照复印件、保证信、劳动合同的复印件、从塞尔维亚企业注册代理处取得的需递交给雇主的摘录、行政费用支付证明。D型签证的行政费用约为150欧元，时间为30天。在提交临时居留许可申请期间，外国人的实际居住是必要的。

8.外国承包商限制

按照塞尔维亚法律的规定，外国承包商在塞尔维亚承包工程须先在当地注册公司，然后申请并获得相应许可。企业要拥有一定的经营能力和符合法律规定的技术实力（外国专业技术人员的执业资格受到限制）。企业须有塞尔维亚工商行政主管机构颁发的从事公共采购业务有效许可，该许可要依据政府行政主管部门的特别规定颁发（外国企业受到一定限制）。投标商参加承包工程项目投标的基本资质要求主要包括：设计和工程质量标准与规范要符合塞尔维亚的有关规定（外国公司受到限制）；企业主要工程技术人员和专家、负责质检人员的执业资格和声明（中国公司人员受到限制）；除军工工程外，塞尔维亚对外国承包商承揽工程承包项目无限制，但外国自然人承包商受施工能力、资质等技术性限制，基本无法承揽大型工程承包项目。

9.外国直接投资激励

塞尔维亚向外国直接投资提供财政预算资助资金，资助额度根据投资产业、地区及新增就业人数确定。对于投资大于2亿欧元的重大项目，创造1 000个（含）以上工作岗位（10年内）的，塞方最高奖励投资额的17%；对于投资大于5 000万欧元的大中型项目，创造300个（含）以上工作岗位（10年内）的，塞方最高奖励投资额的20%；对投资大于5 000万欧元、10年内创造150个（含）以上工作岗位（10年内）的项目，塞方最高奖励投资额的10%。对小项目，如果投资旅游业大于500万欧元，创造50个（含）以上就业岗位（3年内）；或投资大于100万欧元，或在经济欠发达地区的制造业投资大于50万欧元，每个新增就业岗位塞方奖励4 000~10 000欧元。如果在出口服务业投资大于50万欧元、创造10个（含）以上就业岗位（3年内），每个新增就业岗位塞方奖励4 000~10 000欧元。

在行业鼓励政策方面，塞尔维亚根据不同行业对外资企业给予具体奖励和减免税。新增就业人员奖励如下：①生产型企业：最低投资额100万~500万欧元，并且新增就业人员最低达到50人，政府一次性奖励2 000~5 000欧元/人；②国际营销服务业：最低投资额50万欧元，并且新增就业人员最低达到10人，政府一次性奖励2 000~10 000欧元/人；③研发企业：最低投资额25万欧元，并且新增就业人员最低达到10人，政府一次性奖励5 000~10 000欧元/人。对投资不足800万欧元的外资企业，政府给予按比例抵扣减税优惠。对新增就业工人的企业，两年内全免新增工人的工资税和社会保险税。企业不定期雇用新雇员工（最低雇用期限为一年）的，雇主在1~3年内免缴新员工工资税。企业新创造就业还可根据用工类别，在2~3年内免缴新增人员的社会保险税。

四、工会在塞尔维亚劳动与雇佣管制中的作用分析

塞尔维亚工会组织包括全国性工会和行业工会。2014年，塞尔维亚开展国企私有化改革，采取裁减公共部门人员和薪酬、提高退休年龄等措施，致使罢工事件明显增加，特别是在公共部门，工会组织了100多次罢工，有10万多人参与，同比增加约一倍。2017年6月，塞尔维亚汽车厂工人大罢工，要求提高薪酬、改善工作条件。2018年底以来，塞尔维亚反政府示威活动频频发生。后来，随着塞尔维亚政治逐步稳定、经济逐步回升、就业机会增多、工人收入增加，罢工事件渐渐减少。近年来，塞尔维亚政治局势基本稳定，社会治安良好，民族矛盾逐步弱化，发展经济成为主流民意，但是，赴塞尔维亚中国公民还是要有风险防范意识。

五、中塞劳务合作中的风险挑战与政策建议

塞尔维亚处于北约阴影之下，作为多党制国家，其潜在的政治风

险可能影响政策的连续性和执行力。[①]

据中国商务部统计，2018年，中国企业在塞尔维亚新签承包工程合同7份，新签合同金额3亿美元，完成营业额3.45亿美元；累计派出各类劳务人员480人，年末在塞尔维亚劳务人员758人。

我国在开展与塞尔维亚的合作时，会面临一定的挑战。塞尔维亚初级劳动密集型劳务领域严格限制外籍人员，但技术型人才紧缺，双方可以在中高端技术人才领域加强合作。同时，需要注意遵守当地法律规定，按时发放工资等，让塞尔维亚人民切实受益；积极培养外语能力强、专业技术水平高、管理能力强的国际化人才，应对所在国家复杂、烦琐的法律程序和行政环境。

第二节　中国与马来西亚劳务合作中的劳动与雇佣管制研究

马来西亚地处东南亚中心位置，扼守马六甲海峡，连接海上东盟和陆上东盟，区位优势十分明显。中马两国经贸战略依存度高，经贸合作规模大、基础深厚。在推进“一带一路”建设与国际产能合作过程中，马来西亚积极参与，成为“21世纪海上丝绸之路”的重要节点国家。当前，中马关系拥有稳固的政治互信、深厚的利益融合以及广阔的合作空间。因此，进一步了解我国企业投资经营以及劳动用工现状，有利于中资企业更好地走出去。通过分析中资企业在马来西亚经营的案例，了解经营过程中出现的问题，借鉴劳务用工的经验，能在新形势下推动两国经济社会共同发展。

---

① 黄猛．“一带一路”形势下，中资基建企业在塞尔维亚的风险分析［EB/OL］．［2023-05-29］．http：//www.fx361.com/page/2017/0407/1466104.shtml.

一、马来西亚劳动力市场状况分析

从人口总量来看，根据世界银行的统计数据，2022年马来西亚人口总数为3 393.82万人。马来西亚人口增长率在20世纪60年代曾高于3%，为其后来经济发展提供了充足的劳动力资源；在经历了一段时间的下降后，马来西亚人口增长率又有所回升。1989年，马来西亚人口增长率高达2.98%。其后，马来西亚人口增长率呈现下降趋势，2022年降至1.1%（如图6-1所示）。人口位居前五位的州是雪兰莪州、沙巴州、柔佛州、沙捞越州和霹雳州。从年龄结构来看，2022年，马来西亚0~14岁人口数量为769.4765万人，约占总人口的23%；15~64岁人口数量为2 369.7233万人，约占总人口的70%；65岁及以上人口数量为254.6223万人，约占总人口的8%。马来西亚进入老龄社会的时间较晚。马来西亚总抚养比呈下降趋势，少年抚养比逐年下降，老年抚养比逐年上升。2022年，马来西亚总抚养比为43%，少年抚养比为32%，老年抚养比为11%。马来西亚的人口结构已出现拐点，越过了人口红利的高峰期。可以预见，其人口红利正在逐步消失，经济增速出现放缓趋势。[①]

马来西亚具有多元化和复杂化的人口特征。其人口由多个民族组成，包括马来族、华人、印度人和原住民等。根据2020年马来西亚政府发布的第六次全国人口和房屋普查报告[②]，2020年，马来西亚全国人口约为3 245万人，其中马来西亚公民为2 980万人，华裔马来西亚公民占23.2%。就马来西亚公民族群构成而言，2020年，除华裔外，马来西亚土著（包含马来裔、马来半岛原住民、沙巴和沙捞越原

① 孟令国，胡广．东南亚国家人口红利模式研究［J］．东南亚研究，2013（3）：31-40.

② 陈悦．马来西亚全国人口普查报告发布华裔公民占23.2%［EB/OL］．［2024-03-12］．https：//baijiahao.baidu.com/s？id=1724744897428901012&wfr=spider&for=pc.

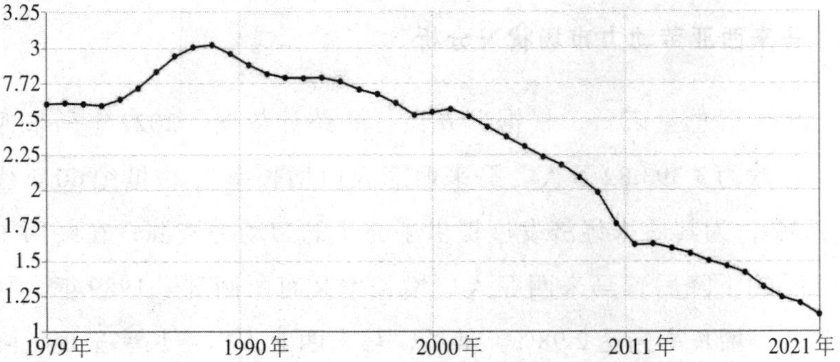

图6-1　1979—2019年马来西亚人口增长率（%）

资料来源：根据CEIC数据库整理。

住民）人口占69.4%，印度裔人口占6.7%，其他族裔人口占0.7%。

根据世界银行的数据，2020年，马来西亚出生时预期寿命为76岁，高于世界平均预期寿命73岁，表明该国人口的健康状况较好。其中，男性出生时预期寿命为74岁，女性出生时预期寿命为78岁。营养不良发生率为3%，低于世界平均水平的8%。①

世界银行数据显示，2021年，马来西亚劳动力总数为1 692万人，女性劳动力在总劳动力中的比例较低但呈上升趋势，目前占比为38.4%，如图6-2所示。近年来，马来西亚的劳动参与率逐年上升，约为70%，高于柬埔寨、越南、缅甸、老挝等东南亚国家。2022年，女性劳动参与率为55.8%，男性劳动参与率为81.9%。

由图6-3可知，近年来马来西亚失业率维持在较低水平。马来西亚统计局劳动调查报告显示，2019年，马来西亚失业者总数为50万人，失业率与2018年相同，均为3.3%；2021年为4.1%。马来西亚统计局劳动调查报告显示，在失业时间方面，48.4%的失业者失业时间少于3个月，28.6%的失业者失业时间大于3个月少于6个月，而失业时间超过一年的人占9.3%。

① 世界银行．营养不良的发生率（占人口的百分比）——马来西亚［D/OL］．［2024-09-16］．https：//data.worldbank.org.cn/indicator/SN.ITK.DEFC.ZS？locations=MY．

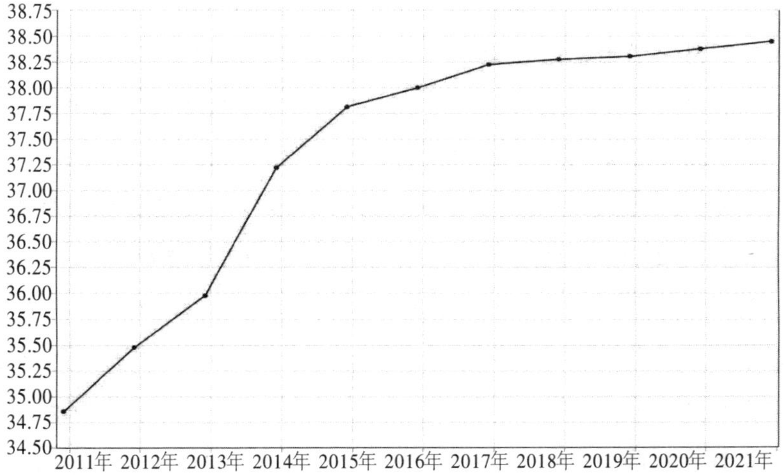

图 6-2　马来西亚女性劳动力占比（%）

资料来源：根据 CEIC 数据库整理。

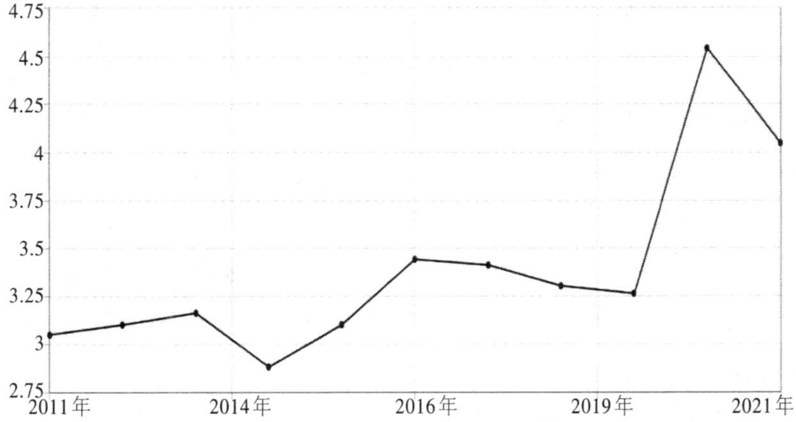

图 6-3　2011—2021 年马来西亚失业率（%）

资料来源：根据 CEIC 数据库整理。

总体而言，马来西亚就业人员受教育程度较高。就初等教育而言，马来西亚实施小学免费教育。截至 2017 年底，马来西亚共有小学 7 901 所；2013 年起，小学入学率达到 100%。就中等教育而言，截至2017年底，马来西亚共有中学2 586所；2018年，中学入学率为72%。就高等教育而言，全国有马来亚大学、国民大学等20所高等院校，近年来私立高等院校增至500多所；高等院校入学率也呈现逐年上升趋势，2020年达到43%，且女性入学率总体高于男性入学率；2017年，马来西亚在校大学生67.2万人。目前，受过高等教育的就业人员占比29.4%，受过中等教育的就业人员占比55.6%，受过初等教育的就业人员占比12.1%。15岁以上人口的识字率为95%，其中15岁以上成年女性识字率为94%、15岁以上成年男性的识字率为96%；马来西亚青年（15~24岁）的识字率为97%。总体而言，马来西亚人受教育程度较高。①

二、中马经济与劳务合作的现状分析

中马已签署《中华人民共和国政府和马来西亚政府关于对所得避免双重征税和防止偷漏税的协定》《中华人民共和国政府和马来西亚政府关于扩大和深化经济贸易合作的协定》《中华人民共和国政府和马来西亚政府关于相互鼓励和保护投资的协定》等10余项经贸合作协议。据中方统计，2022年，中马双边贸易额2 036亿美元，同比增长15.3%。截至2022年底，中国对马来西亚各类投资累计167.9亿美元②。在工程承包合作方面，2020年，中国企业在马来西亚新签工程承包合同额53.3亿美元。③

铁路建设是马来西亚基础设施建设的缺口，长期以来缺乏投资。在《马来西亚第十一个五年经济发展规划（2016—2020）》中，计划用1 500亿林吉特支持基础设施投资和建设。马来西亚基础设施建设

① 世界银行．识字率，成人总体（占15岁以上人口的百分比）——马来西亚［D/OL］．［2024-09-16］．https：//data.worldbank.org.cn/indicator/SE.ADT.LITR.ZS? locations=MY.

② 刘慧．马来西亚经济逐步复苏［N］．人民日报海外版，2023-04-06（06）．

③ 商务部亚洲司．2020年1—12月中国-马来西亚经贸合作简况［EB/OL］．［2023-05-29］．http：//yzs.mofcom.gov.cn/article/t/202103/20210303042845.shtml.

的完善不仅为各国间的经贸往来提供良好的基础，也为中资企业在马来西亚的投资提供契机。2017年，两国签署推动经济发展和基础设施建设的谅解备忘录。[①]在基础设施领域，中国企业参与了许多基础设施建设项目。近年来，马来西亚一些大型基建项目由中国企业参与或承建。例如，中国水电建设集团承建巴贡水电站，中国港湾工程公司承建槟城二桥，中国机械进出口公司承建曼绒1 000MW燃煤电站等。华为、中兴作为中国通信行业的翘楚，在马来西亚通信市场也已占据重要地位。[②]

马来西亚不仅是我国经贸合作的重要伙伴，也是我国重要的海外劳务合作国家。进入21世纪以来，两国不断加强交流与沟通，逐步放开了部分劳务市场，为“一带一路”建设劳务合作奠定了基础。2003年9月，中马两国政府签署了《关于雇用中国劳务人员合作谅解备忘录》。2004年初，中马劳务合作委员会召开会议并签署会议纪要。据此，马来西亚向中国开放了古建筑维护、制瓷、木器加工、家具制造四个行业。同时，中方还向马来西亚有关政府部门提交了首批开展对马来西亚劳务合作业务的18家公司的名单。中国公司主要以承包工程带动技术劳务输出和派遣少量有技术专长的劳务人员。但是，由于双方对以上四个领域技术工人的薪资水平和技术认知存在差异，中马之间的劳务合作仍处于探索阶段。“一带一路”建设劳务合作的深化为中马两国的劳务合作带来了新的机遇。[③]

2019年，我国在马来西亚新签承包工程合同249份，工程项目下当年派出劳务人员5 455人，期末在马劳务人员13 033人，相比2018

---

① 外交部．中国同马来西亚的关系［EB/OL］．［2024-09-23］．https：//www.fmprc.gov.cn/web/gjhdq_676201/gj_676203/yz_676205/1206_676716/sbgx_676720/.

② 李霖轶．新机遇下的中马合作：港口基建物流成重点［N］．中国企业报，2017-01-10（20）．

③ 中国驻马来西亚大使馆经济商务处．马来西亚劳工政策及法律法规［EB/OL］．［2024-05-16］．http：//my.mofcom.gov.cn/article/ddfg/laogong/200802/20080205393986.shtml.

年的17 912人减少了4 879人。2019年合计派出各类劳务人员7 578人，期末在马各类劳务人员19 613人，同比有所下降。[①]

三、马来西亚对外籍人员的劳动与雇佣管制分析

马来西亚政府注重保护本国国民就业，鼓励企业雇用本地员工，但是由于该国劳动力短缺，低端产业和服务业缺乏劳动力，因此政府允许建筑业、种植业、服务业、制造业雇用外籍劳工，到马来西亚工作的外籍人员须持有工作许可。马来西亚政府不允许持旅游签证者在马务工，但允许中资企业承包商按照事先的相关合同和约定以个案审批的方式从中国引进技术工人和工程师，持工作准许在马来西亚务工，以支持中资企业的项目建设。[②]

马来西亚公民拥有的制造业企业可以雇用外籍技术工人并给予他们研发岗位。而外资企业拥有雇用外籍人员担任公司管理职务、将部分岗位永久保留的权利。为了保证经济发展所需的各类人才，解决马来西亚人才流失的问题，马来西亚政府推行居住准证机制，以使外籍人才可以在马来西亚更自由地长期工作。在马来西亚工作和居留的外国劳动者可以申请建筑业工作准证并拥有缴纳公积金和受到社会保险保护的机会。[③]

截至2017年7月，马来西亚合法外籍劳动者有175.8万人，马来西亚对于外籍劳动者的用工比例有所限制。根据中国驻马来西亚大使馆经济商务处的消息，外国公司缴足资本在200万美元以上者，可自

---

① 中华人民共和国商务部，中国对外承包工程商会. 中国对外劳务合作发展报告2019—2020 [R/OL]. [2023-05-29]. file: ///C: /Users/Lenovo/AppData/Local/Temp/MicrosoftEdgeDownloads/1235ec9e-ba5d-487c-8387-03e6e9293de2/% E4%B8%AD% E5%9B%BD% E5%AF% B9%E5%A4%96%E6%89%BF% E5%8C% 85%E5%B7%A5%E7%A8%8B%E5%8F%91%E5%B1%95%E6%8A%A5%E5%91%8A2019-2020%20（1）.pdf.

② 商务部对外投资和经济合作司，商务部国际贸易经济合作研究院，中国驻马来西亚大使馆经济商务处. 对外投资合作国别（地区）指南——马来西亚（2023年版）[R/OL]. [2024-05-29]. http: //www.mofcom.gov.cn/dl/gbdqzn/upload/malaixiya.pdf.

③ 中国驻马来西亚大使馆经济商务处. 马来西亚劳工政策及法律法规 [EB/OL]. [2024-05-29]. http: //my.mofcom.gov.cn/article/ddfg/laogong/200802/20080205393986.shtml.

动获得最多10个外籍员工职位，包括5个关键性职位；外国公司缴足资本超过20万美元但少于200万美元者，可自动获得最多5个外籍员工职位，包括至少1个关键性职位。

四、中国在马来西亚投资建设的案例研究：以中车株机为例

本部分选取我国在马来西亚投资建设的中车株机马来西亚子公司为案例，分析并总结我国在马来西亚投资过程中可能遇到的现实问题与经验教训，基于此提出有针对性的政策与企业经营建议。

1.中车株机马来西亚子公司运营情况

中车株机即中车株洲电力机车有限公司，位于湖南省株洲市，是中国南车股份有限公司旗下龙头企业，是中国轨道电力牵引装备主要研制生产基地和城轨交通设备国产化定点企业；株洲也因此享有“中国电力机车之都”的美誉。在立足国内的同时，中车株机注重开拓国际市场，是中国首家电力机车整车出口企业，出口伊朗、哈萨克斯坦、乌兹别克斯坦、新加坡、土耳其、印度和马来西亚等国，是中资企业“走出去”参与国际市场竞争的新典范。

目前，中车株机在马来西亚拥有多家子公司。其中，两家子公司为运营商提供专业的维修和保养服务，一家子公司是位于马来西亚霹雳州的马来西亚中车轨道交通装备有限公司（即东盟制造中心）。2010年，中车株机获得了马来西亚38列城际列车组的订单，这是中国产电力牵引型动车组首次出口海外。2012年，中车株机与马来西亚交通部签署战略投资备忘录，中车株机获得了在马来西亚霹雳州建立东盟制造中心，从事轨道交通装备产品制造、服务等相关业务的资格。2015年，中车马来西亚东盟制造中心正式投入生产。中车株机与马来西亚已开展多年合作，从陌生到熟悉、从相识到合作、从单一到多元，两国在多个项目中取得了丰硕的合作成果。中车株机逐渐成

为“一带一路”建设的先锋企业，起到了模范带头作用。至今，该公司已完成马来西亚城际动车、轻轨列车等多个项目订单，受到顾客的广泛好评。马来西亚东盟制造中心的建立，不仅推动了马来西亚轻轨列车等基础设施的建设，而且对于马来西亚就业和经济的发展具有重要意义。

2.中车株机马来西亚子公司的海外经营

2010年，中车株机与马来西亚交通部签订了38列城际动车组订单（SCS项目），开始了中车株机与马来西亚的合作之旅。南北线城际铁路列车组在2011年首次投入使用，成为吉隆坡广受欢迎的公共交通工具之一。该城际动车组发车间隔由以往的30分钟缩短至8分钟，提升了吉隆坡公共交通运转效率。

中车株机进驻马来西亚并不是一帆风顺的，刚进入马来西亚市场的中车株机面临激烈的竞争。一直以来，马来西亚对项目产品品质、关键技术把控、相关文件管理等各个重要节点有一整套严格的规定，这意味着中资企业需要在短时间内掌握并遵守相关规定。此外，马来西亚针对轨道交通市场的复杂性设置了较为全面的管理部门。同时，作为亚洲国家的典型代表，马来西亚对于关系渠道的构建和维护十分注重。企业与车辆的生产方、项目各相关方、相关管理部门的多方熟悉度和关系处理能力在其实现项目的顺利推进方面处于至关重要的地位。[①]

轨道交通建设项目需要大规模的投资，并且资金回收周期很长，还对技术和施工水平有一定要求。由于许多共建“一带一路”国家在轨道交通方面的技术、资金、运营经验限制，它们缺乏独立设计、建设与运营轨道交通项目的能力。马来西亚城际轨道交通长期以来发展

---

① 梁励．中车株机七年获11份订单扎根马来西亚［N］．21世纪经济报道，2017-11-13（10）．

受限，难以满足当地人民对公共交通的需求。“一带一路”合作倡议的提出，使中国银行、基建、教育、文化等各方面的企业涌入共建“一带一路”国家，更好地实现了“抱团出海”。这为中资企业在外国的投资和建设提供了基础支撑，也为目标国家提供了“融资+标准+建设+运营”的系统性中国解决方案。中车株机在马来西亚轨道交通项目的成功离不开先进的制造技术和管理实践，但更重要的是与制造紧密结合的轨道维护。2011年，中车株机在吉隆坡成立了中车维保中心，成为我国首个海外轨道交通“4S”店。该维保中心提供的“智能维保”服务延长了轨道交通设备的运行寿命并提高了公共交通的安全性，为轨道设备的长期安全运行提供了强有力的保证，是吸引客户的重要原因。[①]不仅如此，中车株机马来西亚子公司形成的“产品+服务+投资+技术”模式创新了对外投资方式，也为其他企业海外经营和投资提供了全新的思路，开启了“一带一路”经营合作的新形式。

3.中车株机马来西亚子公司的员工本土化

中车株机位于马来西亚的子公司实行员工本土化战略。子公司共有员工300余名，本土化率超过80%，为马来西亚提供了占市场份额85%的产品，现已成为马来西亚轨道交通装备建设的最大推动者。据统计，2017年底，马来西亚中车轨道交通装备有限公司拥有员工近150人，本土化率达到80%以上。该公司外派员工是拥有本科以上学历的优秀人才，年龄集中在30~40岁之间。[②]此外，该公司还在招聘更多的本土员工。中车马来西亚东盟制造中心实施“五本”战略，即本地化制造、本地化用工、本地化服务、本地化采购、本地化营销，

① 梁励．中车株机七年获11份订单 扎根马来西亚［N］．21世纪经济报道，2017-11-13（10）．

② 刘宸蓓．中车马来西亚东盟制造中心员工激励改进研究［D］．长沙：湖南大学，2018.

最终实现本地化用工达到95%以上的目标。这一战略为马来西亚本地劳动者创造了直接就业的机会，得到了政府和民众的高度认可。该公司本地员工和外籍员工并未因地域文化差异产生矛盾，反而相处十分融洽。工作结束后，本地员工会邀请外籍员工参加赏景、登山、钓鱼等休闲活动，还会邀请中国员工一起过马来西亚传统节日。不仅如此，中国员工也会邀请马来西亚员工共同庆祝中国传统节日。两国员工良好合作关系的构建，不仅显示了中马两国人民的和谐相处，更代表两国关系进一步密切，成为“一带一路”建设合作共赢的重要成果。

4.中车株机马来西亚子公司积极承担社会责任

中车株机在马来西亚展现了中国企业的责任与担当，积极承担社会责任，构建了良好的群众关系。中车株机马来西亚子公司在开放日积极邀请官员、在校师生、员工家属等人参观车间，并开展群众联欢、员工慰问等系列活动，极大地拉近了与当地民众的距离。中车株机马来西亚子公司不再是当地民众眼中充满神秘色彩的中资企业，而是成为深受喜爱的“社区好邻居”，马来西亚民众也对该公司的产品和文化有了更深入的了解。中车株机自2010年进入马来西亚以来，密切关注民生，积极履行社会责任，在2014年底马来西亚连续降雨导致的特大水灾和2017年马来西亚槟城特大暴雨中开展捐款活动，为抗洪赈灾贡献了力量，得到了当地人民和政府的认可。马来西亚中资企业协会在吉隆坡召开了2018年会员表彰大会，吉隆坡中车维保中心荣获2017年度热心公益奖。疫情蔓延时，该中心积极承担社会责任，多次捐赠防疫物资，助力当地疫情防控。马来西亚交通部部长诚挚感谢中国和中国企业在疫情期间伸出援助之手，并愿意加强与中国、与中车株机的合作，以推动马来西亚轨道建设和中国经济共同发展。

五、中马劳务合作的借鉴与启示

针对中国与马来西亚两国现有的商贸与文化合作交流情况，本部分总结两国现有的经验，给出两国深入合作的借鉴与启示。

一是熟悉当地管理机构，处理好与政府的关系。我国企业要增强与马来西亚政府以及相关行业主管部门的沟通，了解政策法规，构建和谐的政企关系，及时反映中国企业遇到的问题和诉求，寻求当地政府管理机构或人员的意见和帮助。

二是了解当地用工标准，处理好与工会的关系。我国企业要规范用工，减少劳资纠纷，维持企业正常经营秩序；还要明确工会的规定，积极了解雇员的诉求，维护雇员的合法权益，勇于承担社会责任。

三是遵守当地法律法规，运用法律维护权益。中资企业应该全面了解与公司经营息息相关的宪法、劳动法、职业健康与安全法、环境保护法等法律法规，严格规范自身行为，按照法律法规办理事务，减少经济纠纷、劳资纠纷、环境纠纷、知识产权纠纷等，促进企业可持续发展。在外国遇到纠纷时，还要学会运用法律武器打击违法行为，维护自身的合法权益。

四是尊重当地风俗习惯，构建和谐员工关系。中国企业要通过各种途径深入了解当地文化、风俗与宗教，特别注意当地的文化和宗教禁忌；尊重本地雇员的风俗习惯与特殊节假日，与本地雇员构建良好的雇佣关系，促进企业的和谐发展。例如，中资企业应尊重马来西亚以穆斯林为主的宗教习俗，为员工设置祈祷室。[①]此外，要积极构建高效的人力资源管理体系，建立合适的激励制度与晋升渠道，构建独

① 商务部对外投资和经济合作司，商务部国际贸易经济合作研究院，中国驻马来西亚大使馆经济商务处．对外投资合作国别（地区）指南——马来西亚（2023年版）[R/OL]．[2024-05-29]．http：//www.mofcom.gov.cn/dl/gbdqzn/upload/malaixiya.pdf.

特的企业文化，促进本地员工与外派员工和谐相处。

五是展现中国企业担当，承担必要的社会责任。中国企业要根据当地法律法规的要求，确定合理的薪酬水平和工作时长，减少劳资纠纷；时刻保持安全生产意识，构建紧急事件处理机制，避免安全事故的发生，确保员工的生命健康；关注工业生产和项目实施中的环境问题以及资源开发中的生态问题，不能只顾经济利益而忽视社会利益。

六是发挥中资企业优势，构建合作共赢新局面。为了应对海外投资和经营的各种风险，中国企业应该发挥自身优势，重视企业间“抱团出海”，实现强强联合，避免恶性竞争，形成规模效应。

第三节　中国与阿尔及利亚劳务合作中的劳动与雇佣管制研究

2018年9月，阿尔及利亚和中国签署了关于“一带一路”倡议的合作备忘录，确定在该倡议框架下就不同领域展开合作。阿尔及利亚是非洲大国，也是中国对外劳务输出的重要输出地，中阿两国的劳务合作具备良好的基础。中国企业逐渐熟悉了当地政治、经济、文化以及劳务市场环境，经过多年探索，积累了丰富的劳务用工管理经验，同时也面临普遍性的国际劳务合作问题。观察中国企业在阿尔及利亚劳务合作的典型案例，能更清晰地理解中国对外劳务合作的关键挑战与发展方向。

一、中阿经济与劳务合作基础与现状

本部分首先简要介绍阿尔及利亚的人口与劳动力基本情况，说明阿尔及利亚当前面临的失业问题；随后介绍中阿两国在基础设施和经

济贸易合作两方面的发展现状。

1.阿尔及利亚劳动力市场状况

自1962年独立以来，阿尔及利亚与其他计划经济体一样，曾经通过对公共部门、社会保障计划以及其他社会部门投资来创造就业并且保障公民的基本生活条件。1973年到20世纪80年代初，国际石油价格攀升，依靠石油出口创收的阿尔及利亚经济发展迅速。20世纪80年代末，阿尔及利亚政府推动了经济和政治领域的初步改革，但是由于已经实行25年的中央计划经济体制带来的僵化和应对国内外环境不当等原因，改革并未扭转1989—1994年经济下滑的状况。在改革期间，经济增长不足和就业机会不断减少导致失业率居高不下。这也迫切要求阿尔及利亚进行深入的结构调整以恢复经济增长、降低失业率。与此同时，阿尔及利亚在改革期间出现内乱，大量外资企业撤回，失业问题更加严重。经历了“黑色十年”后，阿尔及利亚百废待兴，开始实施经济振兴计划。中国企业抓住机会，根据国家“走出去”战略，与阿尔及利亚开展了一系列经济合作活动。虽然近些年“阿拉伯之春”在北非和中东地区的兴起已经不可否认地影响到阿尔及利亚，但是阿尔及利亚当局整体态势还算相对平稳。总而言之，对阿尔及利亚经济社会仔细观察是我国企业进入阿尔及利亚经营前的必要一步。

根据世界银行的统计数据，截至2021年，阿尔及利亚人口总数为4 418万人。其中，0~14岁人口占总人口的30.7%，15~64岁人口占总人口的63.1%，65岁及以上人口占总人口的6.2%。阿尔及利亚人口增长率在历史上曾有过高于3%的阶段，这也直接导致了1985—1994年劳动力爆发式增长。由于阿尔及利亚实行人口控制政策，阿尔及利亚的人口增长率在2004年降到最低点，不足1.25%，但之后有所回升。2013年，阿尔及利亚人口增长率达到近年来的峰值，为1.97%，但仍不足2%。根据世界银行的统计，阿尔及利亚城镇人口占比于2014年超过70%，且约有90%的居民居住在北部沿海地区。阿尔及利亚海外侨民约有400万人，其中200万人在法国。目前，阿尔及利亚人出生时预期寿命达到74.8岁，接近西方国家的水平。阿尔及利亚人结婚越来越晚，1984年，女性首次结婚的平均年龄为20岁，2004年达到29.6岁。女性中离异未再婚的比例为7.2%，而男性则仅为0.8%，男性再婚的比例远高于女性。

目前，阿尔及利亚劳动力总数已超过1 200万人，劳动力增长率稳定在2.2%。虽然与20世纪末超过3%的劳动力增长率相比低一些，但增长速度依旧较高。其中，女性劳动力占比近年缓慢爬升，2015年占比超过17%。阿尔及利亚15岁以上人口的劳动参与率并不高，约为42%。在北非5个重要国家中（埃及、突尼斯、阿尔及利亚、苏丹、摩洛哥），阿尔及利亚15岁以上人口的劳动参与率较低，其中女性的劳动参与率也逊于其他4国。

20世纪80年代中期开始，阿尔及利亚劳动力市场就无法有效吸纳新增劳动力，失业率从1986年的10%左右上升到1997年的超过26%，尽管当时的劳动参与率极低，但也在570万阿尔及利亚人就业的同时，使200万人处在失业状态。根据世界银行的统计资料，北非其他4国1991—1999年期间的年平均失业率分别为：埃及9.5%、苏丹15%、摩洛哥14.4%、突尼斯15.7%，都小于阿尔及利亚的24.9%。由此可见，阿尔及利亚面临的失业与就业问题相当严峻，压力明显较其他4国大得多。但是进入21世纪以来，北非5国政府实行不同应对措施，使失业率有所下降。

阿尔及利亚青年失业情况不容乐观。2015年，年轻群体总失业人数占15~24岁所有劳动力数量的比例超过25%，其中青年女性失业问题更加严重。北非5国政府的政策对于缓解青年失业问题收效并不显著。阿尔及利亚国内也有专家对官方有关失业率的说法持反对意见：卜利达萨阿德大拉伯大学经济学教授法瑞斯·马斯多尔在接受卡塔尔半岛电视台记者采访时表示，阿尔及利亚官方提供的失业率数据并不准确，其调查人群只包括到各就业办公室登记的无业人员，并不包括40岁以上无固定职业的人。因此，实际失业率会比官方提供的数据高出很多，预计达到20%左右。

2.中阿经济合作——基础设施建设

进入21世纪以来，在阿尔及利亚稳定局面逐步形成后，政府出台了一系列基础设施建设重大项目，如政府牵头建设廉价住房、扩大铁路网、建设横贯阿尔及利亚东西的高速公路等。截至2002年底，阿尔及利亚已经与中国企业签订了198份劳务合同，合同总价值达18.98亿美元、完成营业额超过9亿美元。2007年，阿尔及利亚政府同中国国有企业签订的合同价值在非洲全年排名第一，在世界排名第五。这也使得中国在该年成为阿尔及利亚最大的合同供应商。另外，根据2002年开始签订的合同，中国企业最初带到阿尔及利亚工作的工人有5 067名，现在已经发展到超过3万人，中国在阿务工人员组成了阿尔及利亚乃至北非最大的华人社区。阿尔及利亚企业在阿铁路建设基本情况（2007—2010年）见表6-3。

表6-3　**阿尔及利亚企业在阿铁路建设基本情况（2007—2010年）**

时间	工程项目	参与的中国公司	合同价值（美元）
2009	Tissemlit到Boughzoul（阿尔及利亚西部）铁路线	中国土木工程集团公司	5.538亿
2009	M’sila到Boughezoul（阿尔及利亚西部）铁路线（151公里）	中国土木工程集团公司（与阿尔及利亚合资建设）	5.447亿

续表

时间	工程项目	参与的中国公司	合同价值（美元）
2009	Tiaret到Saida铁路线（阿尔及利亚西部）	中国土木工程集团公司	8.86亿
2007	Tabia到Mechria的GSM铁路通信系统（220公里）	华为	—
2010	Bordj Bou Arréridj到Thénia双轨电气铁路（179公里）	中国土木工程集团公司（中国、加拿大、土耳其合资建设）	3 880万
2010	Tissemlit到Relizane铁路线	中国土木工程集团公司（与阿尔及利亚合资建设）	12亿

资料来源：根据中国驻阿尔及利亚大使馆提供数据整理。

除了公路、铁路、住房外，中国企业已经深入阿尔及利亚的通信领域。作为全球最大的通信设备生产商，华为已经瞄准了非洲，特别是北非的通信市场，并在摩洛哥、埃及取得佳绩。近年来，华为在阿尔及利亚迅速扩张业务，并开始与法国和美国等国在阿尔及利亚通信设备领域展开竞争。

3.中国与阿尔及利亚开展劳务合作的现状

阿尔及利亚独立前就与中国有密切往来，两国的合作涉及外交、经济、政治、文化等多个领域。20世纪80年代初，中国就已经开展了与阿尔及利亚的劳务合作，这得益于中国在1978年实行的改革开放，以中国建筑工程公司为首的中国企业开始进入阿尔及利亚市场。当时，中方企业本着“守约、保质、薄利、重义”的方针在阿尔及利亚进行住房建设等项目；1991年以后，阿尔及利亚局势不再明朗，内乱冲突频起，包括中国企业在内的外国公司纷纷撤出阿尔及利亚国境；“黑色十年”结束后，阿尔及利亚开始了重整国内经济的计划。一方面，被破坏的基础设施需要进行重建再建；另一方面，阿尔及利亚国内居民住房问题一直困扰着阿尔及利亚政府，这一问题亟待解决。中国企业抓住了这个机遇，在国家“走出去”战略的指引下，以阿尔及利亚住房建设项目为契机，向阿尔及利亚输出劳务。

中阿双方的合作是契合各自利益的：一方面是阿尔及利亚经济建设有广泛需求，需要引进中国相对廉价的劳动力；另一方面是中国对外开放，开展与阿尔及利亚经济合作、向外输出劳务是缓解国内劳动力过剩和转移农村富余劳动力、解决就业困难的有益之举。

现阶段，中国对阿尔及利亚输出劳务的形式多为中方企业在阿尔及利亚市场参与竞标承接各类项目（多以基础设施建设为主）后，将项目涉及的不同劳务种类派遣给分包单位。具体项目涉及房屋建筑、公用建筑、石油化工、电力设施、水利工程、道路桥梁、港口建设等多个领域，劳务输出大省（市）主要为江苏、浙江、重庆等。

目前，阿尔及利亚引进的中国劳工数量在非洲国家中排第一。据中国驻阿尔及利亚前大使刘玉透露，“有三万多名中国人在阿尔及利亚的不同领域工作，尤其是在住房和基础设施项目上”。保守估计，3万这个数字近年来已经增长到4万以上，这些人大致可分为被中方企业雇用的在阿尔及利亚长时间工作的体力劳动者、中方公司临时派遣的办事人员、在阿尔及利亚的小企业主、在阿尔及利亚小商店和餐馆老板以及这些人的随同亲属。2005—2011年，阿尔及利亚是接受中国劳务输出最多的非洲国家。在这期间，虽然有大量中国劳动力因完成劳务合同返回祖国，但也有因新的劳务合同而进入阿尔及利亚工作的劳动者。

4.中国与阿尔及利亚劳务合作的“坎”——就业与失业问题

第一，阿尔及利亚本身失业率高，中资企业难以协助解决这个问题。前文提到，阿尔及利亚解决国内居民住房等基础设施建设问题时，选择依靠中国企业。但在依靠外资的同时，阿方又指责中国投资并没有考虑阿尔及利亚失业率在10%左右徘徊的现实情况，甚至指责中国企业通过进口本国劳动力加重了阿方的失业问题；而阿尔及利亚劳动力本身懒散和高工资需求导致中国企业无法按照低成本和短期限要求交付投标项目，不得不转而向国内劳动力市场寻求帮助。这就与阿方所期盼的既依靠中国企业解决住房等基础设施建设问题，又希望借助中国企业缓解国内失业率居高不下的窘境的愿望相矛盾。

第二，阿尔及利亚青年失业问题严重，劳动力供求摩擦不断。非洲发展银行表示，即使是年轻失业人员，尤其是高等院校毕业生，接受中方企业提出的低工资和较差的工作条件，中方企业聘用这些年轻人的意愿也不高。我们可以从这一角度解释近年来阿尔及利亚年轻人对中方企业的敌意攻击事件频发，但从另一角度来看，世界银行称，大学毕业生的高失业率也与他们在大学所学的技能和就业市场的需求脱节有关。这就要求外国公司在雇用本地高校毕业生后，必须对他们进行培训；此外，中国企业在阿投资多是劳动密集型行业，对于知识密集型行业涉猎较少，这就导致知识密集型就业创造的附加值有限，所以中方企业带来的就业岗位多需要受教育程度较低的专业人士（主要是建筑工地的男性工人和安保人员），且这些岗位提供的工资也低于大学毕业生的期望，这就造成了青年劳动力群体的劳动供给与中方企业提供的工作岗位有摩擦。

第三，中阿劳务合作面临重重危机。中阿劳务合作虽然是主流，但是依旧面临风险。首先，中方解决就业问题不力，引起了阿尔及利亚民众的反感，甚至出现了“打砸抢”事件，这也使得中方劳动者不愿意踏足阿尔及利亚；其次，阿尔及利亚劳务政策严格、保守，企业只有在阿尔及利亚劳动力市场无法满足工作岗位时，才可向阿当局申请引进国内劳动者，并须依法取得阿劳动管理部门颁发的劳动许可，所需手续和程序极其复杂、烦琐；最后，阿尔及利亚劳动力市场这几年又出现了来自孟加拉国、越南等国更加低廉高效的劳动力，挤压中国劳动力在阿尔及利亚的就业。以上问题都使中阿劳务合作面临风险，是中阿两国深入合作面临的不可忽视的挑战。

二、中铁十七局在阿尔及利亚投资案例分析

本部分选取中铁十七局在阿尔及利亚的投资项目作为案例，具体说明我国企业在阿尔及利亚投资建设时可能遇到的困难和现有的经验教训。

1.项目投资规模

截至2016年4月底，中铁十七局在阿尔及利亚工程项目共有13个，合同总额约71.43亿元人民币。按照管理模式，这些项目分为2个直管项目和11个托管项目；有5个公路项目、7个房建项目和1个通信项目。其中，艾因迪夫拉道路升级改造项目MN3标段、国际会展中心场区道路（VRD）项目均已完工，完工项目合同总额49.15亿元，剩余合同总额约为22.28亿元人民币。表6-4是中铁十七局十年以来投资项目明细。

表6-4　　**中铁十七局在阿尔及利亚投资项目明细**

项目性质	项目名称	批约时间	合同工期（月）	投资规模（亿元人民币）
公路项目	东西高速公路W8标段	2008-04	21	28.50
	贝佳亚连接线S3-1标段	2013-12	36	10.58

续表

项目性质	项目名称	批约时间	合同工期（月）	投资规模（亿元人民币）
公路项目	特莱姆森连接线项目	2014-12	25	8.27
	艾因迪夫拉道路升级改造项目MN3标段	2014-08	3	1.30
	康斯坦丁17公里道路升级改造	未开始	12	3.87
房建项目	赫利赞省2 050套房建项目	2013-06	24	3.80
	赫利赞大学城项目	2014-06	16	1.60
	艾因铁穆尚特省972套住房项目	2012-01	40	1.90
	提帕萨省750套住房项目	2012-12	24	1.30
	赫利赞省2 000套租售房项目	2014-05	28	4.53
	马斯卡拉3 048套住房项目	2014-09	30	5.90
	国际会展中心场区道路（VRD）项目	2014	3	0.06
通信项目	特莱姆森中兴通讯无线设备安装项目	2014-12	24	0.28

资料来源：根据中铁十七局提供数据整理得到。

2.中铁十七局劳务输出与在阿尔及利亚的就业吸纳情况

阿尔及利亚年轻人失业率高，高校毕业生因对各项技能掌握较少，失业现象尤甚。在许多经济不发达地区，失业问题已给社会稳定带来了隐忧。为了保护本国公民就业，阿尔及利亚实行外国人准入制度，外籍劳工必须有10年以上工作经验，管理人员必须有相对专业的学历才能办理签证，而且在主合同中对使用外国人员的数量做了限制性规定，即外国员工与当地雇员的比例一般为1∶7，项目施工所需的作业人员要大量从当地招聘。由于当地工人技术水平低、懒惰，外资企业培训力度不够，这些限制性条款很难达成。目前，中资企业主要依靠国内劳务输出，选择吸纳阿尔及利亚劳动力的还是少数。中铁十七局考虑到阿尔及利亚现有的法律法规和可聘请的阿尔及利亚员工的综合素质等情况，在能够完成项目的前提下，尽可能选用阿方员工。

就劳务输出与吸纳就业的规模而言，自2010年以来，中铁十七局在阿尔及利亚累计投入中方人员2 552人次、阿方人员2 980人次，共计5 532人次。截至2016年5月30日，中铁十七局在阿尔及利亚有中方人员2 165人、阿方员工1 492人，共计3 657人，中阿双方用人比例为1.45∶1。管理及技术人员304人，其中阿方管理人员30人，占比为9.9%，在管理层和技术人员的雇佣方面，来自中方的聘用者占绝大多数；自聘中方劳务人员674人，自聘阿方劳务人员720人，聘用比例为0.94∶1，两方劳务人员大致持平；中方外包队人员1 217人，阿方外包队人员401人，聘用比例为3.03∶1；根据阿尔及利亚安全法和业主的要求，招聘配置了保安，有341人。

就劳务输出与吸纳就业的结构而言，在性别结构上，现阶段，中铁十七局在阿项目使用的男性劳务人员共3 570人，女性劳务人员共87人，比例约为41∶1。其中，中方员工中，男性为2 099人，女性为66人，比例为31.8∶1；阿方员工中，男性为1 471人，女性为21人，占比约为70∶1。男女用工比率的差距与工程项目中具体工作类型有关。

在受教育程度上，中方劳务人员中，有中专以上学历的人员为674人，占比31.1%；中专以下或无学历的人员为1 491人，占比68.9%。在阿方员工中，有学历（与中国中专同等水平）的人员为62人，占比4.2%；无学历（未达到中国中专同等教育水平）的员工为

1 430人，占比95.8%。阿方学历较高员工比中方少得多，这也从侧面反映出中铁十七局在阿项目所聘用阿方劳务人员的整体素质有待提高。

在年龄结构上，30~50岁的员工最多，占比超过74%。其中，中方员工有1 624人，阿方员工有1 085人，虽然在数量上有差距，但都是双方员工中占比最大的一类，中阿双方此年龄段人数各占自己方总人数比重为75%、72.7%。中阿双方在30岁以下和50岁以上人员都在少数。其中，中方员工30岁以下的有325人，在50岁以上的有216人；阿方员工30岁以下的有121人，50岁以上的有286人。

在岗位结构上，职级结构也不一样。在管理人员中，中阿方人员比例大约为10∶1；在技术含量较高的岗位上，中阿方比例大约为10∶3；在普通技术工人中，中阿方比例大约为1∶1。

就用工成本而言，以一个普通技术工人来算，输出一个工人一年的平均费用见表6-5。

表6-5　　**输出中方普通技术工人平均费用**

签证及机票费用	1万元人民币
工资	11万元人民币/年
阿尔及利亚社保费用	11万第纳尔/年（约合人民币8 000元/年）
休假机票	7 000元人民币
人身意外险	2 000元人民币/年
食宿、劳保用品等	若干
合计	13万~15万元人民币

资料来源：根据中铁十七局提供数据整理。

聘用一名阿尔及利亚员工所需成本见表6-6。

表6-6　　　　　　**聘用阿方普通技术工人平均费用**

平均工资	40万第纳尔/年
社保费用	15万第纳尔/年
其他费用（包括体检、劳保用品、误餐补偿、效益补贴等）	10万第纳尔/年
合计	65万第纳尔（约合4万元人民币）

资料来源：根据中铁十七局提供数据整理。

对比来看，输出一名中国普通技术工人的平均费用相当于在阿吸纳3~4名当地工人的平均费用。

3.中国对外工程企业与当地融合状况

包括中铁十七局在内的在阿中资企业在阿融合状况较好，其主要原因是中资企业大量聘用当地劳动力，减少了失业，促进了就业。但是，一直伴随着包括中铁十七局在内的在阿中资企业的症结是“水土不服”，虽然中国公司努力推进人力资源属地化，积极聘用当地员工，但仍不能掩盖中阿在管理、生活、工作等多个领域存在的理念冲突。近年来，随着阿尔及利亚经济持续发展、基础设施建设项目大量启动，许多外国公司进入阿尔及利亚市场承揽项目，大量外籍技术人员及建筑工人也随之进入；此外，中阿经济贸易往来深化，中方在阿劳务输出规模不断扩大。与此同时，中国人的大量涌入令阿尔及利亚人感到恐慌和失望：一方面是因为中资企业进入阿尔及利亚后，并没有按照法律规定足额吸纳当地员工，并偏好选用中方劳务人员；另一方面是因为中方工程技术人员和建筑工人大多有较高的技术水平和适应能力，这就使得中方员工的工资比阿尔及利亚员工高出许多。基于这些原因，阿尔及利亚民众对中资企业和来自中国的劳务人员的印象每况愈下，有些当地人喊中国人“阿里巴巴”（在当地语中是强盗的意思，当地很多人认为中国人抢走了自己的饭碗)，对中国人的攻击行为也时有发生，如偷窃和抢劫中国人、向中国公司工地扔石头等。阿尔及利亚媒体关于中国企业和中国人在阿行为的负面报道以及阿社会对中国人的指责主要围绕以下几个方面：

① 中国公司承揽的部分工程项目质量不合格、技术含量低，一些工程项目拖期；

② 阿海关查处的假冒伪劣产品中，有相当一部分来自中国；

③ 从中国进口的个别产品（尤其是食品和农产品）质检不合格；

④ 中国人不经申报携带大量现金外汇出关，被查处没收；

⑤ 中国工人入境时在行李中夹带大量零配件和服装鞋帽，有为公司逃避关税的嫌疑；

⑥ 少数中国人不尊重当地文化和习俗，如用阿尔及利亚国旗擦鞋、斋月期间在穆斯林面前大吃大喝等；

⑦ 少数中国人出入不健康的非法场所；

⑧ 少数报走失的中国工人实为擅自出走，到别的工地打工。

这些行为使得中国人在当地的形象有所下降。

三、中铁十七局在阿尔及利亚的劳务用工管理模式

本部分首先介绍中铁十七局在阿尔及利亚的用工管理经验，总结中铁十七局在用人招聘、劳动合同签订和用工培训等方面的经验做法与典型管理模式，并由此总结经验教训，提出我国企业在阿尔及利亚投资经营时可能遇到的困难和问题，最后提出建议。

1.主要经验做法与典型模式

中铁十七局在阿尔及利亚用工，既要遵守当地法律法规、尊重当地风俗习惯，又要考虑劳务用工对象，也就是中方劳务和阿方劳务员工的具体差别。中铁十七局经过多年苦心经营，形成了有效的劳务用

工管理经验和模式。下面我们将挑出重点，从用人招聘、劳动合同签订、用工培训、证件办理与管理、劳资纠纷五个方面来具体阐述。

（1）用人招聘

第一，劳动指标的确认。根据阿尔及利亚当地法律申报劳动指标是每个项目合法用工的首要条件，也是中方人员入场的必要途径和各项目组用人招聘的基础。中铁十七局的劳动指标坚持“谁需要谁申请”的申报原则，由项目负责人提出申请，再由国家区进行审核，统一调配管理。调配时注重合理性，并结合工程用工计划，杜绝随意浪费。在坚持指标使用原则的同时，对浪费指标的项目负责人根据相关管理办法进行处罚。

第二，招聘。中方招聘劳务员工时，对应聘人员进行严格的考核。内容大致可分为三方面：技能考核、身体健康状况考核和思想品德考核。这套考核标准在国内一直使用，并不因在异国工作就降低用工标准，减少用工成本。阿尔及利亚员工的招聘更具有“阿尔及利亚特色”。为体现项目高度重视阿方工人招聘工作，中铁十七局各项目负责人亲自挂帅，成立以项目负责人为组长、常务副经理为副组长、人力资源部和相关部室为组员的阿方工人招聘小组。招聘小组主要职责有：负责该项目阿方工人招聘工作的组织领导和协调，研究招聘阿方工人的办法和渠道；在当地劳动就业局的帮助下，积极与当地的招聘公司合作，在清真寺等人群密集的公共场所大力宣传招聘信息，并建立阿方工人招聘使用台账，按规定定时向总部人力资源部上报每月阿方工人招聘数量和信息。

由于阿尔及利亚和我国的现实情况不同，有一类独特的用工人员——学徒工，需要特别注意。中铁十七局发现当地已有这种法律，根据《阿尔及利亚劳动法》第2章第15条，学徒工（即16岁以下少年）也可进入企业工作，学习工业生产技能。招聘这类员工时，企业要征得其监护人的书面授权，而且严禁安排未成年人从事脏累工作。

第三，签证办理。由于入境签证办理依旧是困扰各中资企业的问题，所以中铁十七局尽量节约签证办理时间，人力资源负责人要及时跟踪每个环节的进展情况，尽可能缩短各个环节的办理时间。需要注意的是，为加快签证办理速度，阿尔及利亚国家区制定了奖惩措施，根据签证情况登记表上每个环节所消耗的时间来确定责任人的工作力度，对于表现好的给予奖励、表现不好的进行处罚。

（2）劳动合同签订

人力资源总部依照《中华人民共和国劳动法》和《阿尔及利亚劳动法》，根据项目特定情况制定中方人员劳务合同、阿方员工劳务合同、第三国员工劳动合同范本。各项目单位可根据项目属性和所在地区的不同特点对合同进行适当的修改，修改合同要符合劳动法律的规定，修改后的合同要上报阿尔及利亚国家区评审，评审通过后方可使用。在这个过程中，既要充分考虑阿尔及利亚当地的法律制度，又要遵守我国现行的劳动制度，严格约束自身，避免在劳务用工的同时违反任意一国法律法规的规定。

为了杜绝中方劳务人员被违法分包等现象，中铁十七局严格管理，各项目单位必须先签劳动合同再上工。对阿尔及利亚员工，实行员工合同资料建档管理。

合同基本工资标准遵守《阿尔及利亚劳动法》第4篇第1章第81条的规定，雇主根据职业岗位不同确定基本工资。同时，雇主还要根据岗位设定最低保障工资，且不低于18 000第纳尔。法律规定同工同酬，这为中阿员工和谐相处奠定了基础。此外，合同还规定，雇主应给予劳动者工龄补贴、加班补偿、倒班补贴、风险补贴、夜班补贴、区域津贴、效益津贴。

明确合同中的集体协议、充分体现集体协商是非常重要的。在集体协议条款中，明确工人薪酬及各类津贴的执行标准，既是阿方员工管理的细则，也是劳资纠纷出现后的重要凭据。

（3）用工培训

根据阿尔及利亚当地的劳动用工相关规定，外资企业招聘用工需要当地劳动就业局的介绍，但劳动就业局介绍的工人大多缺乏技能，有的态度比较傲慢，还比较懒惰。此外，使用当地工人时，还会因文化差异、管理理念不同、安全意识参差不齐等原因增加用工风险。中铁十七局各项目单位和人力资源部门对此下大力气，在使用当地工人之前进行培训。

中铁十七局对当地工人一般进行两种培训：一种是职业培训，另一种是行为规范培训。职业培训是在施工现场进行的，包括公司自主培训、与当地职业培训机构联合培训，通过理论教学和技术实践相结合，培养当地工人过硬的技术水平。行为规范培训是在工人进入工作状态之前进行的培训，包括安全施工、文明施工、学习内部规章制度、学习安全施工须知等。这两种培训必不可少，既能保障当地工人更高效、更安全地融入施工集体，又能增强当地工人的工作能力。

中铁十七局通过与当地培训机构联合，已对当地工人进行了三次培训，分别对模板工、钢筋工、修理工三个工种进行了培训。由中铁国际集团阿尔及利亚公司与阿尔及利亚国家培训学院组织的在职培训，由培训学院老师到各单位现场授课，通过理论与实践相结合的学习方式进行培训，合格者可获得由培训学院颁发的毕业证书。

（4）证件办理与管理

证件办理与管理主要涉及我国工人的基本证件办理和保存等事宜。中国劳务人员入阿工作所需的证件主要包括签证、居住证、护照、劳动证等。办理这些证件手续复杂，中铁十七局人力资源部门对相关证件的办理流程进行有针对性的总结，将办理证件的时间大大压缩，提高了中国工人入阿工作的效率，减少了意外风险。除此之外，中铁十七局人力资源部门对涉及中方工人活动的证件进行统一存档保管，并对所有证件的来源和去向严格把关。

（5）劳资纠纷

近年来，随着中国与阿尔及利亚经贸合作不断深入，劳资纠纷案件、员工罢工事件时有发生，如何预防和处理劳资纠纷对中铁十七局而言是一个不小的考验。在中铁十七局发布的《阿尔及利亚国家区人力资源管理办法》中，特别强调了对劳资纠纷案件的处理。首先，在法律相关人员的选择和配置方面，选用对中阿两国法律有深刻认识的法律专职或兼职人员，并根据各项目的具体情况上报给国家区法律事务部后进行分配。其次，在劳资纠纷的预防方面，中铁十七局人力资源部门提出加强员工与管理人员的法律普及力度，增强其法律意识；不断完善合同条款，严格监督合同签订和执行过程，促进考核分配公平合理；及时发现劳资纠纷发生的可能性，及时核查、协调并消除分歧。再次，对劳资纠纷案件先诉诸仲裁，调解失败后再寻求律师帮助，准备上报法院进行开庭审理，并在结束后对案件资料进行整理，形成电子档案信息库。最后，法律专职或兼职人员及时与相关业务部门及律师进行沟通，并与劳资纠纷相关人员进行定期或不定期的联系。

2. 面临问题与挑战

中铁十七局虽然已经在阿尔及利亚苦心经营了不短的时间，但是仍然面临诸多问题，只有认清这些问题，才能有效解决。

第一，中资企业对阿尔及利亚法律法规了解不深刻，劳务管理人员业务不精。这是众多中资企业面临的共同问题。由于以中国铁建为代表的中资公司进入阿尔及利亚的时间和对阿尔及利亚法律、风俗的了解都不如以法国为首的欧美企业，且中资公司没有配备足够的熟知《阿尔及利亚劳动法》的法律专职人员，因此在对当地雇员的管理和处理劳务纠纷中，往往处于被支配地位。在对劳务纠纷案件的仲裁或上诉过程中，中资企业常常因为不了解阿尔及利亚劳动法律法规而漏掉了许多关键细节和证物，进而造成严重损失。

第二，阿尔及利亚雇员善于“告状”，而当地劳动部门偏袒阿尔及利亚工人。一方面，阿方当地雇员对其劳动法了解得比较透彻，维权意识比较强，稍有问题就产生不满情绪，甚至罢工、去劳动监督部门举报申诉；另一方面，当发生劳务纠纷时，当地雇员往往会动员当地业主向中资企业施压。在一些友司的劳务纠纷案例中，我们可以看到，当地劳动部门在处理劳务纠纷案件中，明显偏袒当地雇员并提示阿方雇员对其更有利的细节。

第三，中方劳务人员选拔选派不易。向海外输出劳动力毕竟不能与国内相比。由于迁移距离远、项目周期较长，中方劳务人员很难与家人团聚，在海外工作的心理成本较大，很多经过培训且熟练上工的中方劳务人员在结束项目后不再回到阿尔及利亚工作，甚至有许多劳务人员在到阿尔及利亚不久就提出回国要求。招聘到与岗位能力要求相匹配的员工本就不易，招聘任务外包又使得招聘过程把关不严，导致最后进场工作的员工可能存在健康状况不佳、与所报工种不符或者无技能的情况；劳务签证办理时间较长，致使员工不能及时进场；项目之间频繁调配人力资源，导致异地用工现象严重，存在风险隐患。

第四，技术人员缺乏，用工属地化困难。不管是对中方还是对阿方来说，工程技术和管理人员缺乏依旧是个大问题。阿方工程技术和管理人员供给数量少，为了按时保质完成项目，不得不引进外籍工程技术和管理人员，这就造成外籍工程技术和管理人员占比偏大、需要给付的外汇工资风险成本加大等问题。为了降低人力资源成本，必须做到用工属地化，但是中资公司在属地化工作中还有很大的提升空间，主要集中在管理水平方面。由于对当地文化、宗教习俗、人文思想、社会发展等方面的认识还处于发展阶段，中资公司不敢大胆聘用当地人管理企业。中铁十七局等中资企业的属地化管理还处于初级阶段，这就是所谓的用工属地化与现实情况的矛盾。

第五，阿尔及利亚局势风云突变，中阿融合依旧困难。近年来，由于“阿拉伯之春”席卷中东和北非地区，阿尔及利亚也受到影响，恐怖主义事件频发，这给项目单位聘用阿尔及利亚员工带来了风险。除此之外，因为文化背景与企业理念存在差异，两国人员在进行用工管理时会发生矛盾。另外，中方输出员工也存在文化水平较低的现象，与阿尔及利亚员工相处时也会有矛盾。如何在中阿两种不同的文化背景下实现用工融合依旧是以中铁十七局为代表的中资企业面临的重要挑战。

四、中阿劳务合作发展趋向与政策启示

中阿劳务合作延续至今，依靠的是两国友好往来的政治和外交基础。基于此，我国企业在阿尔及利亚开展经营活动、与阿尔及利亚进行经济贸易往来才会更加顺畅。由于中阿劳务合作还存在未解决的问题，本部分就未来如何推动中阿劳务合作提出以下几点建议：

1.中资企业协会应发挥更大作用

阿尔及利亚中资企业协会是为在阿尔及利亚经营的中资企业提供运营与管理经验交流和信息往来的重要平台，也是联系中国、阿尔及利亚官方的重要枢纽。除了推动两国在经济贸易发展等领

域的合作之外，中资企业协会也要尽力推动中阿劳务用工领域的合作。首先，中资企业协会可以根据阿尔及利亚现行法律法规，商定、起草、出台中资企业在阿尔及利亚劳务用工的行业规范，从中资企业协会的角度，对中资企业招聘选用劳务人员做出规定；其次，中资企业协会可作为代表，同阿尔及利亚当地劳动部门和工会进行交流对话，倾听来自中国企业和当地政府以及当地劳工的声音，传达彼此的心意，争取从中资企业协会的角度，解决中阿劳务合作融合困难的问题；最后，在中资企业协会内部形成监督机制，对在阿尔及利亚违法违规用工、破坏中资企业形象的企业进行警告并协助整改。

2.鼓励法律咨询公司积极开展对阿劳务业务

与阿尔及利亚等北非国家的经贸往来对于我国和北非国家开展“一带一路”倡议合作是十分重要的，但国内的阿尔及利亚法律咨询公司对阿尔及利亚法律法规了解不精，特别是与劳动相关的法律。当中资企业遇到劳务纠纷时，这些法律咨询公司很难提供专业的服务，中资企业只能凭借对阿尔及利亚日积月累的经验处理劳务纠纷。虽然近年来这种情况有所好转，但依然掣肘中资企业。随着“一带一路”倡议在北非的推进，包括阿尔及利亚在内的北非市场必然是法律咨询市场上的一块“肥肉”。积极开展对阿法律咨询业务，深刻理解阿尔及利亚法律法规，既能帮助中国企业更好地“走出去”，同时也能提升国内法律咨询公司的业绩。

3.加强劳务输出监管力度

劳务输出不仅仅是企业和员工在外国开展经营活动，还代表一个国家的形象，如果劳务输出监管不到位，很容易使项目在规定工期内无法按时保质完成。另外，中资企业招聘员工时，主要依靠外包公司，很容易向外输出技能、健康、思想道德素养不达标的员工，有害于中资企业、当地社会和国家声誉。所以，加强劳务输出监管力度不能仅靠中资企业内部自查，还要靠我国政府出台相关的法律法规。

4.鼓励阿尔及利亚工人来华培训，加强高校学生互通往来

阿尔及利亚工人普遍技术水平低，知识储备不足；高校毕业生的技术和管理水平与中资企业投资建设项目所需脱节。如何从中资企业的角度来改善这些问题？中铁十七局在阿招聘员工后，一般会派遣员工到当地的培训机构参加培训，这一举措获得了比较好的效果。但这种情况只适用于劳动密集型员工，对知识密集型员工而言效果并不好。要实现用工属地化，就要选用当地的管理和技术人员来带动劳务融合，但是阿尔及利亚当地的培训力度对于这类员工来说受益较小。为此，有些中资企业采用了一种用人选拔制度，将能力强、有责任心、道德素养较高的员工选拔出来，作为工程技术和管理储备人员送到中国接受技术和管理培训，在中国完成理论学习和实践；另外，对于阿尔及利亚高校学生知识技能与需求脱节问题，中资企业可以设立相应的奖学金，鼓励这些学生到中国留学一年或者更长时间，在充分了解中国文化和掌握工程建设等知识后，再返回阿尔及利亚参与中资企业的生产经营。这样既能促进知识和技术密集型高精尖人才的引入，也能使用工属地化与工程建设的要求不再矛盾。

第四节　中国与三个国家劳务合作中的劳动与雇佣管制比较分析

塞尔维亚、马来西亚与阿尔及利亚分别来自欧洲、亚洲和非洲，是共建“一带一路”国家的典型代表，对其在劳务合作中的劳动与雇

佣管制进行研究具有重要意义。

总体而言，从劳动与雇佣管制的内容来看，这三个国家在劳动关系的确立与终止、工作时间及休息休假、最低工资、外籍劳工、劳动者权利、社会保险与福利、职业安全与卫生等方面具有一定的相似性。比如，在外籍劳工的雇用上，出于对本国劳动力就业的保护，它们对外籍员工的进入都有较为严格的限制，主要体现在工作许可和出入境管理等方面。在技能结构上，它们更倾向于吸纳有较高技能的外籍员工。它们都通过不同的优惠措施鼓励和支持外国资本进入，比如塞尔维亚是在税收、社保缴纳等方面给予优惠，而马来西亚是在雇用外籍员工数量方面给予支持。

相比较而言，阿尔及利亚经济发展水平较为落后，在劳动雇佣规制上具有自身的特殊性。比如，在雇佣对象上，招聘学徒工（即16岁以下少年）时，要征得其监护人的书面授权，而且严禁安排未成年人从事脏累工作。在工资标准上，对薪酬补贴的管制更为详细和多样；合同基本工资标准遵守《阿尔及利亚劳动法》第4篇第1章第81条的规定，雇主根据职业岗位不同确定基本工资。法律规定同工同酬，雇主应给予劳动者工龄补贴、加班补偿、倒班补贴、风险补贴、夜班补贴、区域津贴、效益津贴。

在利益相关者方面，工会通常发挥重要的作用。比如，塞尔维亚工会在薪酬、罢工和退休等方面具有较大的话语权。而阿尔及利亚工会的作用主要体现在集体协议部分，就是劳动合同的集体协议条款中，包含工人薪酬及各类津贴的执行标准。阿方劳务人员熟悉当地劳动法，维权意识比较强，易产生不满情绪，往往选择罢工、申诉等方式，也会动用当地业主向中资企业施压；当地劳动部门在处理劳务纠纷案件中，明显偏袒当地劳务人员并提示阿方员工对其更有利的细节。

中方企业在输出人才及雇用当地劳工时，需熟悉当地法律法规的要求，严格遵守法律法规，避免纠纷的发生；还要及时留存协议证据，在遵守法律法规的同时保护好自身利益。

第七章

结论与建议

第一节　研究结论

共建“一带一路”国家经济发展情况迥异，既存在发展水平较低、劳动力市场机制不成熟、相对落后的国家，也存在发展水平较高、劳工维权意识较强、法律标准较高的国家，不同国家的劳动与雇佣管制制度存在极大差异。本书在中国与共建“一带一路”国家开展国际贸易和经济合作的背景下，系统梳理了共建“一带一路”国家劳动雇佣制度的内容，深入剖析了典型国家的具体案例，提出了应对劳动雇佣约束的建议，以促进中国对外贸易和经济合作的进一步发展。我们形成了以下观点和结论：

一、国际劳工组织制定的劳工标准成为蓝本，共建“一带一路”国家之间的国际劳工标准水平差异较大

“一带一路”建设涉及众多区域和人口，地缘关系敏感，局势错综复杂，国家、地区之间制度差异明显，因此，明确各国劳动法律法规的内容、降低信息的不对称性、严格遵守共建“一带一路”国家的劳动条件标准、致力于企业各项制度的属地化，是我国企业参与“一带一路”经贸合作的首要条件，也是立足之本。就国际劳工标准水平差异而言，绝大多数国家位于中等或高等国际劳工标准水平，少数国家的国际劳工标准水平处于低位。按照发达国家和发展中国家区分，发达国家的整体国际劳工标准水平较高。在共建“一带一路”国家中，除捷克、卢森堡、葡萄牙、塞浦路斯、奥地利、拉脱维亚、斯洛伐克、斯洛文尼亚、爱沙尼亚等16个发达国家外，其他均为发展中国家。发达国家的国际劳工标准水平均在共建“一带一路”国家平均

水平以上，批约数量都在10个及以上。从国际劳工标准的四个细分项来看，共建“一带一路”国家在消除一切形式的被迫或强迫劳动、结社自由和有效承认集体谈判权方面的国际劳工标准水平较高，在有效废除童工方面水平较低。

二、共建“一带一路”国家贸易协定中的劳工条款有利于保障劳工利益，也易形成贸易壁垒

随着“一带一路”建设不断推进，我国加快与共建“一带一路”国家签订自由贸易协定，积极将劳工条款纳入主协定中，细化以合作为导向的劳工条款，推进劳工合作机构建设，健全双方在劳工领域的信息交换和合作机制，确保劳工合作内容的落实。在争端解决方式上，主要采用磋商以寻求共识，有效化解矛盾。

但是，也要看到，贸易协定中的劳工条款虽然有利于保障劳工权益，但也容易成为部分国家制造贸易壁垒的“理由”。我国在劳工标准方面有待完善，在对外贸易中容易因此受到他国限制，从而影响劳资关系稳定。贸易限制会降低产品出口，影响国内企业发展，进而损害我国劳工权利。在美洲，以美国为主导的《北美自由贸易协定》首次将劳工标准与国际贸易挂钩，在使劳工标准更有执行力的同时，也增加了制造贸易壁垒的风险。在亚太地区，《全面与进步跨太平洋伙伴关系协定》将劳工标准与贸易措施相衔接，要求缔约国在其国内法律和实践中纳入可执行的劳工标准。此类劳动管制与美国主导的贸易协定中的劳工条款极为相似。CPTPP将限制商品进口作为解决劳工争端的具体手段，同时利用赔偿、中止福利待遇、货币评估等临时性制裁措施来保证该协议的强制约束力，也在一定程度上制造了贸易壁垒。

三、工会数量与影响力并不对等，工会权力由各国法律法规赋予

工会问题是跨国企业劳动关系管理的重要方面，也是我国企业面临的重大挑战。共建“一带一路”国家工会组织情况不同，有总工会、区域工会、行业工会、企业工会等多种形式。在不同国家和地区，工会组织发挥不同的作用。在非洲，工会力量普遍薄弱，通过与政府保持合作、附属或对立关系，推动有关保护劳工权益的法律和政策的出台；在中东欧国家，工会及雇主联合会较为强大，工会组织率比较高，通过集体谈判和罢工发挥重要作用；在东南亚国家，工会组织率相对较低，但力量强大，通过罢工可以影响劳动管制措施。在中亚和南亚，大部分国家工会数量较多、力量较强。在西亚，工会密度较高，部分国家的工会力量较强。在西欧及北美一些非共建“一带一路”国家，工会在政治、经济生活中发挥重要作用，劳动管制十分严格，影响力很大。

各国对工会组建的门槛高低直接影响工会的数量和作用，不同的工会组建环境也对中国企业开展对外经贸合作有非常重要的影响。一方面，在法律对组建工会要求较低、赋予工人组建工会较大自由的国家，工会组建率持续走高，数量不断上升。随着工会的影响力不断增强，一旦劳工利益受到侵犯且不满情绪上涨，可能发生罢工等对抗行为；若罢工规模扩大，可能使“一带一路”经济合作出现停摆。另一方面，同一企业内部存在的工会数量过多，工会管理相对碎片化，容易引起工会之间的恶性竞争甚至出现彼此冲突现象。投资方可能与某个或某几个工会达成协议，在一定程度上压缩了劳动者通过工会行使合法权利的空间。

四、工会影响力大可能导致劳资纠纷与罢工频发的法律风险

由于国情原因，我国工会的职能与国外有所区别。很多共建“一带一路”国家的工会对劳动者影响较大，特别是在劳动密集型行业。部分国家的工会参照往年以及行业经验进行薪酬谈判，其确定的行业最低工资甚至高于该国或地区的最低工资标准。同时，劳动者对工会已形成依赖，一旦发生劳资纠纷，就会寻求工会帮助。工会的存在使部分国家和地区的员工解雇成本特别高。我国企业可以向全球知名的跨国企业学习与工会合作的经验，运用国际化管理理念与工会合作，弥补与国外工会合作与博弈方面的先天缺陷。工会影响力较大还可能引发罢工事件，导致“一带一路”建设遇到罢工频发的法律风险。有资料显示，部分共建“一带一路”国家的罢工规定存在严苛和宽松两个特点，工会组建也有明确和不明确之分。共建“一带一路”国家的工会制度存在较大差异，劳动法律法规体系的完备性也有所不同，从而导致工会组织对劳工保护的程度大不相同。中国“一带一路”建设难免会触碰当地劳工的自身权益甚至是其他非商业利益，很可能引发劳工的不满情绪，这时更应该关注东道国的工会势力和工会运行方式。

五、共建“一带一路”国家在国际贸易和经济合作领域的劳动与雇佣管制对本国劳动力就业具有较强的保护

共建“一带一路”国家的劳动条件标准和劳动力市场存在特殊性，各种类型的劳动法规、其他相关规定、政策要求等较为复杂。共建“一带一路”国家除了少数发达国家外，大多数国家是中等或者低收入国家，GDP总量只占世界的30%。共建“一带一路”高收入国家劳动力较为缺乏，中高收入、中低收入和低收入国家对高技能人才、

特殊技能人才、紧缺人才的需求普遍有所增加，对简单技工、普通劳务人员的需求减少。大多数共建“一带一路”国家为保障本国劳动力就业，采取了较严格的措施，但参与“一带一路”建设未对共建“一带一路”国家的就业造成负面影响，还对共建“一带一路”国家紧缺的高技能人才进行了有益补充。

六、明确劳动法律相关制度差异，加强合规管理

截至2023年6月底，我国已与150多个国家、30多个国际组织签署了200多份共建“一带一路”合作文件。各个国家或地区情况不同，在资源禀赋、经济发展水平、法律制度等方面有极大差异。就劳动法律制度而言，除了劳动条件标准外，具体的工会制度、就业促进政策、就业限制政策等，使“走出去”的中资企业面临由信息不对称和制度壁垒所带来的巨大挑战。我国工会组织的影响力较弱，中资企业如果在国际贸易和经济合作中将本国工会模式应用到海外，可能导致劳动与雇佣管制冲突；中资企业如果对国外工会法律制度缺乏了解，在应对与国外工会的纠纷时准备不足，也会导致工会法律风险的产生与扩大。在“一带一路”建设过程中，不仅要遵守当地劳动方面的法律法规，保护当地劳工的切身利益，还要避免因法律和文化冲突造成的工会抗议活动。总之，通过对劳动与雇佣管制领域的充分调研，摸清各国或地区相关法律法规，明确守法的边界，加强合规管理，是中资企业对外合作的重要内容。

第二节　政策建议

“一带一路”建设反映了人类的共同理想，是世界各国实现合作

共赢的发展方案，蕴含着巨大的发展机遇。未来，中国将不断加强与共建“一带一路”国家的经济合作，我国企业开展经营活动也将面临诸多问题，如资金、技术和劳动关系等。共建“一带一路”国家的劳动与雇佣管制要求我国企业遵守东道国法律并考虑用人成本及风险，用工合规关系到企业在东道国的生产经营和发展，我国企业要妥善应对共建“一带一路”国家劳动与雇佣管制，有效配置人力资源。基于上述分析，本书提出如下政策建议：

一、积极应对劳动与雇佣管制风险

“一带一路”倡议为中国与共建“一带一路”国家共同谋求国际规则的制度创新提供了机会，共建“一带一路”国家的劳动与雇佣管制风险可由政府与企业共同防控。

1.加强劳工标准领域的国际合作

首先，加强劳工标准领域的国际合作磋商，实现劳工标准及劳动规则的融合，以防范和化解劳工标准对我国对外贸易的风险。在我国与其他国家签署的自由贸易协定中，逐步加入劳工保护条款，承诺批约国之间的非贸易保护主义劳工合作，进而实现劳工标准及劳动规则的融合。国家之间的磋商有助于我国在基于国情基础上，完善我国的劳工标准和劳动力市场的法律法规体系，进一步加强国际交流。同时，完善国内的工会组织制度，维护基层劳动者的权益。

其次，充分了解东道国的用工标准和要求，处理好与当地工会的关系。详细了解东道国的用工标准和要求有利于我国企业规范用工，突破劳动与雇佣管制的束缚，减少劳资纠纷，维持企业正常的经营秩序。我国企业要加强劳动与雇佣管制研究，针对我国企业在共建“一带一路”国家投资中遭遇的用工成本增加、法律制裁、工会干预等不同类型的劳动法律风险，从东道国劳动法律特征、劳动者群体维权行动状况、东道国法治水平等方面入手评估，全面了解东道国劳动立法与劳动法律文化，预测劳动者群体行动的可能性和发生率，考察劳动争议解决机制的有效性和执法过程的透明度。相关部门可将共建“一带一路”国家的劳动法、工会规章、薪酬标准以及当地风俗、禁忌等材料的中英文对照版本编辑成册发行，使我国企业在“走出去”开展海外经营时做到知己知彼；将上述材料与我国劳动法进行比较，找到相同和差异之处，特别是共建“一带一路”国家限制外国人就业的行业、工种、用工比例、劳动力配额、违规罚款和监禁等方面的规定，供我国企业参考；深入研究共建“一带一路”国家劳动与雇佣管制规定，完善相关的指南和手册内容，使“走出去”的我国企业开展海外经营时能主动防范相关风险，营造良好的就业环境，为我国企业在共建“一带一路”国家更好地开展经营活动提供政策支持。此外，还要注重与当地雇员和工会的沟通，明确当地工会的相关规定，积极了解雇员的诉求，维护雇员的合法权益，积极承担社会责任，展现中国企业的责任与担当。

最后，实现相关劳动政策的有效衔接。例如，中国与共建“一带一路”国家签署双边、多边劳动与雇佣合作协议，使双方在各自的国民教育体系中，列明本国承认学历的高等院校、承认资质的培训机构，双方互认学历、学位、职称和相关技能。有效衔接劳动政策，避免双重征收社会保险等费用，降低劳工法律风险与劳资双方的成本，实现效率提升。

2.完善国内劳动力市场与法律法规体系

借助与其他国家签署的劳工合作备忘录等文件，加强在劳工领域的合作，学习其他国家在建立和谐劳动关系方面的经验，改善我国劳动力市场环境，维护市场公平公正；监督我国企业逐步改善用工环境，反对就业歧视，关注弱势群体就业情况，维护劳动者的合法权益，不断提高劳工标准水平；鼓励创新创业，鼓励企业开展岗位培训，促进国内就业。

同时，完善劳动力市场法律法规体系。虽然我国在调整劳动关系、劳动标准、劳动安全、就业和社会保障等方面已经颁布了一系列法律法规，但仍有不足之处，应根据经济社会发展情况，借鉴其他国家的经验，不断完善劳动力市场法律法规体系。例如，可在劳动合同法中加入跨国企业与外籍员工的劳动关系，明确当事人的权利、义务和法律责任，规定法定的劳动合同条款以及涉外劳动争议解决机制。由武汉仲裁委员会在北京成立的“一带一路”（中国）仲裁院自2016年成立以来，已成功受理涉“一带一路”建设项目或外国主体仲裁案件23件、标的额20亿元，案件当事人涉及越南、印度、马来西亚、冰岛、土耳其等国家，案件涉及建设工程、航空、金融等行业领域。该仲裁院成立的目的是解决纠纷双方均为中国企业的涉外案件，今后可进一步发挥其仲裁优势，处理涉外劳动纠纷，为“一带一路”建设项目顺利推进保驾护航。

二、积极发展对外劳务合作

对外劳务输出、跨国流动就业是“一带一路”建设的必然要求。中国对外劳务合作面临的问题主要是劳动者能力不足、企业管理水平低、对东道国的适应能力差、政府政策与管理体制不完善等。中国对外劳务合作人员普遍存在语言交流障碍，很多劳动者无法与当地人交流。由于远离家乡和亲人，对外劳务人员面临巨大的心理压力，人员流失严重。从发展趋势看，对外劳务合作中对普通劳务人员的需求在下降，对高技能劳务人员的需求不断增加。“一带一路”建设项目需要更多高质量、高素质劳动力，而中国对外劳务输出的大部分人员是普通劳动者。中国劳务输出一般采用“项目制”“基地化”管理模式，与当地劳动力市场的融合度较低。这些因素都严重制约了中国对外劳务合作的发展。

1.推动中国对外劳务合作转型升级

依托“一带一路”建设，建立双边和多边人才交流机制，将劳务合作与人才交流纳入整体战略框架中；在巩固传统优势市场基础上，推动对外劳务合作由低端劳动密集型劳务输出向技能型、知识型中高端劳务输出转型。

2.扩展对外劳务合作的广度和深度

在对外劳务合作行业领域，向中高端市场拓展，积极引导我国企业与欧美国家在海员、护士、设计咨询师、计算机服务人员、酒店服务管理等高端劳务输出方面开展合作，将潜在劳务输出人员从农民工、普通工人逐步转向大中专毕业生、职业技术学校毕业生，多渠道开发、培育和储备中高端劳动力资源，实现中国劳动力发展与经济发展同步转型。

3.发挥传统优势并提高综合竞争力

一方面，继续发挥中国劳务人员技术熟练、勤奋刻苦、生产效率高的优势；另一方面，尽快弥补不足，尤其是加强语言、技能培训，提高人文、宗教、历史等知识普及，尊重文化、风俗和思维方式，促进与当地居民和当地社会融合。此外，改善企业人力资源管理模式，营造良好的发展环境。对外劳务输出企业应着力改变人力资源管理策略，通过提高工资招揽人才。对外劳务人员远离家人，工作辛苦，只有丰厚的工资回报才能招揽并长期留住人才，才能激励员工的工作热情，提高工作效率。要建立科学的福利体系，将带薪假期、家属探亲和家属随行、国内国外轮岗工作等人性化工作福利制度化。

4.完善人力资源外派体系

中国大量企业参与共建“一带一路”国家铁路、公路、油气管道、通信设备等的投资和建设，外派人力资源对于发展对外劳务合作，以及中国企业参与“一带一路”建设发挥重要的支撑作用。随着“一带一路”建设的不断推进，我国企业人力资源外派难度也不断加大，解决这个问题需要完善人力资源外派体系。

一是尽快完善相关公共政策，比如做好双边社保协定签署谈判工作等，稳步推进双边社保协定的签订工作。

二是建立有效的外派激励机制。在制订外派人员薪酬计划时，既要考虑外派人员的职位，也要考虑东道国的生活成本和外派可能增加的生活支出，还要考虑精神激励。

三是建立系统的职业生涯规划制度。职业生涯发展对外派人员至关重要，外派企业必须高度重视这一点。

四是做好外派人员工作和家庭的平衡。进行外派选拔时，要将员工的婚姻状况、配偶是否同意或是否愿意随行、家庭结构等因素纳入选拔的评价标准。

三、大力引进并培养国际化人才

一方面，在“一带一路”建设中，我国对人才的需求更加迫切，需要大力引进共建“一带一路”国家的人才来华工作，以支持我国的发展，提升国际贸易质量；另一方面，我国也应大力培养国际化人才，促进共建“一带一路”国家人才队伍建设。

1.大力引进共建“一带一路”国家人才

第一，加强海外人才引进国家统筹，尽快制定国家引进海外人才战略规划。根据世界发展形势和中国发展目标，尤其是“一带一路”建设目标，明确中国引进海外人才的重点行业和重点领域，明确人才分类标准，完善人才测评体系。

第二，围绕“一带一路”建设，设立专项海外人才引进工程。建议根据我国的现实需要，设立“‘一带一路’国际人才引进计划”，加大对共建“一带一路”国家高端政策型人才、应用型人才、实用型人才等高层次人才的引进力度。

第三，发挥市场在海外人才引进中的决定性作用。市场规律在全球人力资源配置中起决定性作用。中国在海外人才引进中，必须准确定位政府的角色，发挥市场的决定性作用。同时，要通过一系列措施，弥补“市场失灵”，提高企业和社会专业组织在引进海外人才中的主动性和积极性，形成政府部门宏观调控、市场主体充分竞争、中介组织提供服务的运行格局。

第四，妥善解决海外人才子女入学等人才发展软环境问题。要优先考虑解决引进海外人才子女就学问题，为所在地相关学校增加一定的就学指标，鼓励各地发展国际学校，鼓励更多国内学校开办国际部。

2.大力培养国际化人才

我国可以通过深化政产学研融合、优化人才培养结构、发挥留学生和本土人才的作用等方式促进国际化人才队伍建设。

第一，深化政产学研融合，增加国际化人才培养数量。深化与企业、政府、智库的合作，形成政、产、学、研四方合力，为“一带一路”建设培养国际化人才；设立专项“一带一路”国际化人才培养项目，从过去的国际化人才培养项目以“引进来”为主向“走出去”转变；[①]开展优秀教师海外讲学、留学生互换交流学习、暑期交换生活动，进行国际化人才培养学术交流，举办国际化人才培养政产学研合

---

① 李英福.“一带一路”倡议下的国际化人才培养研究［J］. 河北师范大学学报（哲学社会科学版），2020（1）：135-140.

作论坛，启动学位联合培养、中外合作办学、境外办学、在大学设立“一带一路”学院（如北京师范大学设立了“一带一路”研究院）等长期国际化人才培养项目。中国知名大学在共建“一带一路”国家创办的学校较少，为了满足“一带一路”建设对国际化人才的需要，应加大在共建“一带一路”国家联合办学投入，增加国际化人才培养数量。

第二，优化人才培养结构。当前，“一带一路”建设所需的小语种人才十分短缺，要加强小语种人才培养，还要加强汉语教学人才培养，满足“一带一路”建设需要。国际化人才培养的课程设置要以“一带一路”建设需要为导向，通过科学评估，增加急需和紧缺的课程内容，把学科发展的当前需要和长远建设、实际应用和学术研究有机结合起来，着力培养“一带一路”建设所需的资本运作、国际贸易、项目建设、跨国经营管理等专业人才，使国际化人才培养与“一带一路”建设需要紧密结合起来。通过加强外语、专业和跨文化沟通能力，优化国际化人才培养结构。

第三，发挥留学生和本土人才的作用，平衡国际化人才的地区分布。我们既要广泛招收他国人才，也要重视我国的海外学子。

首先，吸引共建“一带一路”国家留学生。根据教育部的数据，来华留学生同比增速在2016年达到两位数，来华留学生数量达到44.3万人，同比增长11.3%。其中，共建“一带一路”国家是来华留学生的主要来源国。2016年，我国国际留学生前十五位来源国中，有2/3为共建“一带一路”国家。国际留学生人数增长最快的6个国家中，泰国、印度、巴基斯坦、印度尼西亚和老挝5国都是共建“一带一路”国家。共建“一带一路”国家留学生已成为来华留学新的热点。适应未来“一带一路”建设需要，今后我国要进一步引进共建“一带一路”国家留学生来华接受高等教育，使其成为“一带一路”

建设所需的国际化高端人才；同时，要加大人才引进力度，特别是引进创新型高端人才，为“一带一路”建设和各个国家合作共赢提供人才支撑。

其次，发挥留学发达国家归国人才在“一带一路”建设中的作用。中国是美国、加拿大、澳大利亚、日本、韩国和英国等发达国家留学生主要来源国。据统计，来自中国的留学生占韩国留学生总数的57.3%。此外，近一半日本留学生来自中国，中国留学生占美国、加拿大、澳大利亚、新西兰等国家留学生的比例也超过30%。在欧洲一些国家，如英国、瑞典、瑞士，虽然中国留学生占比未超过10%，但中国也是该国最主要的留学生来源国。根据教育部的数据，我国留学生学成回国发展的比例逐渐上升。2019年，出国留学人员70.35万人，学成回国人员58.03万人，学成回国比例高达82.5%。要发挥我国留学回国人才在“一带一路”建设中的作用，使他们在“一带一路”建设中建功立业，实现人生价值。随着越来越多的归国留学人才参与“一带一路”建设，国际化人才地区分布将更加平衡。

最后，充分发挥孔子学院在“一带一路”建设中培养国际化人才的作用。孔子学院是中国在国际上进行汉语言人才培养的重要机构，截至2017年，全球共有516所孔子学院、1 076个孔子课堂，覆盖全球142个国家和地区。其中，135所孔子学院和130个孔子课堂位于51个共建“一带一路”国家。[①]孔子学院为来华留学生提供语言和文化培训，留学生通过对汉语和中华文化的学习，能够提升语言能力，破除交流障碍，了解中国文化和技术，为来华接受教育奠定基础。因此，要充分发挥孔子学院在“一带一路”建设中培养国际化人才的作用，在共建“一带一路”国家培养本地化人才，在世界各地培养汉语

① 王朝晖，张春胜．“一带一路”倡议下中国企业“走出去”人才本土化研究——以来华留学生为例［J］．上海对外经贸大学学报，2018（5）：63-73.

人才，传播中华文化。这将使“一带一路”建设国际化人才地区分布更加平衡。

第三节　研究展望

当前，国内有关劳动管制的研究多以单一国际组织或地区为主题展开讨论，针对共建“一带一路”国家的成果较少；研究议题大多从法律角度展开，对国际贸易与经济合作领域涉及得不多。本书从利益相关者角度出发，系统整合了宏观统计数据和行业调查数据，深入挖掘国际劳工组织等权威机构的数据库，围绕中国与共建“一带一路”国家国际贸易和经济合作展开讨论；通过系统梳理共建“一带一路”国家劳动雇佣制度的条款和内容，量化评估共建“一带一路”国家的国际劳工标准水平，深入剖析典型国家的具体案例，研究并提出应对劳动雇佣约束、促进中国对外贸易和经济合作进一步发展的建议。“一带一路”倡议已提出十多年，未来将以更高质量、更深层次、更高要求加快发展。我们要继续在以下方面开展深入研究：

一、深入研究劳动与雇佣管制融合

应对多样化劳动风险的方式包括中国与共建“一带一路”国家的规则融合、中资企业熟悉并理解多样化的劳动规则。在“一带一路”建设中，多种多样的劳动风险始终是国家与企业需要面对的重点和难点，我们要进一步研究规则融合过程中的现实问题，通过国家之间的磋商，实现劳动与雇佣管制的融合。在实施层面，需要实时关注、全面了解共建“一带一路”国家的劳动法、工会规章、薪酬标准以及当地风俗等，相关部门或机构可将其中英文对照版本编辑成册发行；将这些材料与我国劳动法进行比较，可以帮助我国企业在共建“一带一路”国家采取相应对策，主动防范相关风险，营造良好的就业环境。同时，还要重点关注多样化规则中有关工会的相关规定，注重与工会的沟通，积极承担社会责任。

二、重点关注国际化人才培养

高层次国际化人才短缺是制约我国企业“走出去”的首要问题，本书提出了深化政产学研融合、优化人才培养结构、发挥留学生和本土人才的作用三个具体的解决方法，未来不仅需要研究与设计国际化人才培养方式及激励机制，还需要相关部门推动相关制度的落地实施。在国际化人才培养中，要进一步研究语言、专业和跨文化沟通能力对“一带一路”建设的影响，进而根据影响程度设置不同的课程，优化国际化人才培养结构。此外，还要研究孔子学院在不同地区对培养国际化人才的作用，进一步规划孔子学院未来的布局。

三、适时跟进国际形势变化

共建“一带一路”国家与中国的贸易日益增多，相关国家的劳工条件也在发生变化。随着中国积极推动加入CPTPP进程，我国的劳工条件也在不断变化，保护劳动者权益的法律法规不断出台，涉及劳动管制的国际贸易形势也随之发生了变化。这些都对中国对外贸易产生了不同程度的影响。不断变化的国际形势与国内情况，将大大增加有关劳动管制与中国国际贸易的研究讨论，我们要及时跟进，丰富理论，补充并完善有关劳动管制的新内容。

四、扩展国际劳工标准测度的议题范围

在本书第三章中，共建“一带一路”国家国际劳工标准水平的测

度框定在国际劳工组织提出的5项基本原则和工作权利的议题，认为其中涉及的公约（或议定书）批约条数可以在一定程度上反映一国的整体劳工标准水平。未来可以从两个方面对上述测度加以扩展：其一，根据不同的研究目的，对5项基本原则和工作权利议题赋予不同权重，测算得到的结果更具有针对性和特殊性。其二，扩展测度涵盖的议题范围，在5项基本原则和工作权利议题之外，加入三方协商、劳工管理等议题。其三，基于上述测算的共建“一带一路”国家国际劳工标准水平，通过实证方法研究国际劳工标准水平对我国对外直接投资、国际贸易等经济活动的影响。

参考文献

[1] BERRY A R, SOLIGO R. Some Welfare Aspects of International Migration [J]. Journal of Political Economy, 1969, 77 (5): 778-794.

[2] BRINCIKOVA Z, DARMO L. The Impact of FDI Inflow on Employment in V4 Countries [J]. European Scientific Journal, 2014, 1 (Special Edition): 245-252.

[3] PARK C Y, PETRI P A, PLUMMER M G. The Economics of Conflict and Cooperation in the Asia-Pacific: RCEP, CPTPP and the US-China Trade War [J]. East Asian Economic Review, 2021, 25 (3): 233-272.

[4] LI, TAUBE. The Implications of the 'Belt and Road Initiative' on Globalization and Inclusive Growth for the Eurasian Continent [J]. Journal of Chinese Economic and Business Studies, 2018, 6 (3): 1-8.

[5] LIAO H, YANG L, DAI S, et al. Outward FDI, Industrial Structure Upgrading and Domestic Employment: Empirical Evidence from the Chinese Economy and the Belt and Road Initiative [J]. Journal of Asian Economics, 2021, 74 (1): 1-12.

[6] MA S. Growth Effects of Economic Integration: New Evidence from the Belt and Road Initiative [J]. Economic Analysis and Policy, 2022, 73 (3):

753-767.

[7] TODARO M P. A Model of Labor Migration and Urban Unemployment in Less Developed Countries [J]. The American Economic Review, 1969, 59 (1): 138-148.

[8] CAROLINE M, JOSEPH M, LUO H. The Belt and Road Initiative and Technical and Vocational Education and Training (TVET) in Kenya: The Kenya-China TVET Project [J]. Frontiers of Education in China, 2018, 13 (3): 346-374.

[9] MCCULLOCH R, YELLEN J L. Factor Mobility, Regional Development, and the Distribution of Income [J]. Journal of Political Economy, 1977, 85 (1): 79-96.

[10] 北京大学“一带一路”五通指数研究课题组.共建“一带一路”国家五通指数报告［M］. 北京：经济日报出版社，2017.

[11] 崔爱茹.中韩雇佣许可制劳务合作现状及对策［J］. 国际经济合作，2013 (1)：53-57.

[12] 都阳.劳动力市场制度的国际比较及其对中国的启示［J］. 劳动经济研究，2014（4）：161-192.

[13] 杜龙政，林伟芬.中国对“一带一路”沿线直接投资的产能合作效率研究——基于24个新兴国家、发展中国家的数据［J］. 数量经济技术经济研究，2018（12）：3-21.

[14] 段志成，杨秋波.对外承包工程外派劳务：现状、问题与对策［J］. 国际经济合作，2012（6）：68-71.

[15] 范爱军，方学芹.中、日、韩三国劳务合作的现状、问题及对策分析［J］. 世界经济，2002（4）：57-59.

[16] 高文书.“一带一路”建设与中国人力资源国际化［J］. 广东社会科学，2018（6）：27-36；254.

[17] 国家信息中心“一带一路”大数据中心.“一带一路”大数据报告（2017）［M］. 北京：商务印书馆，2017.

[18] 何星亮."一带一路"建设与人类命运共同体 [J]. 中南民族大学学报(人文社会科学版), 2018 (4): 116-122.

[19] 胡玫, 郑伟.中国与"一带一路"国家贸易竞争性与互补性分析 [J]. 经济问题, 2019 (2): 101-108.

[20] 花勇."一带一路"建设中海外劳工权益的法律保护 [J]. 江淮论坛, 2016 (4): 114-119.

[21] 纪建全.俄罗斯外国劳务管理现状与中俄劳务合作浅析 [J]. 西伯利亚研究, 2017 (2): 29-34.

[22] 贾妮莎, 雷宏振.中国OFDI与共建"一带一路"国家产业升级——影响机制与实证检验 [J]. 经济科学, 2019 (1): 44-56.

[23] 靳钧.中新劳务合作发展展望 [J]. 国际工程与劳务, 2016 (7): 44-45.

[24] 康德纳."一带一路"促就业具有全球意义 [J]. 中国中小企业, 2017 (6): 17.

[25] 李丽, 陈迅.中国对外劳务合作现状 [J]. 国际经济合作, 2008 (1): 53-56.

[26] 刘斐, 姜辰蓉, 程群."一带一路"为地区国家带来就业增加民生改善 [J]. 中国产经, 2015 (8): 16-19.

[27] 刘京华, 全毅."一带一路"倡议背景下福建与非洲经贸合作的对策研究 [J]. 福建论坛(人文社会科学版), 2017 (11): 147-152.

[28] 卢朋.中国对外劳务合作的发展特征、挑战与政策应对 [J]. 劳动经济研究, 2017 (2): 112-126.

[29] 陆大道.科学认识"一带一路" [M]. 北京: 科学出版社, 2017.

[30] 罗玲波, 段秀芳.中国新疆对哈克斯坦劳务输出的影响因素研究 [J]. 新疆社会科学, 2016 (2): 87-91.

[31] 吕越在."一带一路"倡议对共建"一带一路"国家就业的影响 [EB/OL]. [2024-05-16]. http: //sf. cufe. edu. cn/kxyj/kyjg/sljryjzx/yjcgsljr/107051.htm.

[32] 马友君.我国东北地区与俄罗斯远东区域劳务合作研究 [J]. 知与行,

2016（2）：153-156.

[33] 秦锐.中国企业对外投资增速放缓、结构优化［J］．科技智囊，2018（11）：56-59.

[34] 邵舜叶.赴日本技能实习典型案例探讨及启示［J］．国际工程与劳务，2016（7）：88-90.

[35] 隋广军，黄亮雄，黄兴.中国对外直接投资、基础设施建设与共建“一带一路”国家经济增长［J］．广东财经大学学报，2017（1）：32-43.

[36] 唐孟生.中巴经济走廊“一带一路”的旗舰与标杆［J］．大陆桥视野，2016（6）：43-47.

[37] 汪巍.共建“一带一路”国家经济合作的特点和趋势［J］．经济师，2018（10）：78-79.

[38] 王朝晖，张春胜.“一带一路”倡议下中国企业“走出去”人才本土化研究——以来华留学生为例［J］．上海对外经贸大学学报，2018（5）：63-73.

[39] 王承业.对外劳务合作风险防范对策研究［J］．国际经济合作，2007（2）：46-50.

[40] 王灵桂.“一带一路”：顺应经济全球化潮流的最广泛国际合作平台——国外智库论中国与世界［M］．北京：社会科学文献出版社，2018.

[41] 王灵桂.全球战略观察报告——国外智库看“一带一路”（Ⅰ）［M］．北京：中国社会科学出版社，2016.

[42] 王灵桂.全球战略观察报告——国外智库看“一带一路”（Ⅱ）［M］．北京：中国社会科学出版社，2016.

[43] 王义桅.“一带一路”中国崛起的天下担当［M］．北京：人民出版社，2018.

[44] 王正文，但钰宛，王梓涵.国家风险、出口贸易与对外直接投资互动关系研究——以中国-“一带一路”国家为例［J］．保险研究，2018（11）：41-53.

[45] 王志坚，唐敏，潘蕊，等.云南电网培评中心：为澜沧江-湄公河次区域

培养电力人才［J］. 中国电力教育，2018（9）：11-13.

［46］ 夏小禾. 近4年我国对共建“一带一路”国家直接投资年均增长7%［N］. 机电商报，2018-10-08（A02）.

［47］ 薛力.“一带一路”中外学者的剖析［M］. 北京：中国社会科学出版社，2017.

［48］ 杨文. 我国对外直接投资和对外劳务输出相互关系——基于时间序列数据的协整分析［J］. 时代金融，2014（32）：21-22.

［49］ 杨云母. 中国对外劳务输出分析［J］. 人口学刊，2006（6）：40-43.

［50］ 尹豪. 改革开放以来我国对外劳务输出发展研究［J］. 人口学刊，2009（1）：27-30.

［51］ 尹豪. 改革开放以来中国对外劳务输出发展综述［J］. 人口学刊，2002（6）：12-17.

［52］ 余官胜，林俐. 我国海外投资对劳务输出的促进效应——基于跨国面板数据的实证研究［J］. 财贸经济，2012（11）：78-84.

［53］ 张吉廷.“一带一路”背景下就业领域新探索［J］. 中外企业家，2017（36）：196-197.

［54］ 张鑫.“一带一路”倡议下西南跨境劳务合作机制构建［J］. 学术探索，2017（7）：47-54.

［55］ 张原，陈建奇.“一带一路”背景下的国际劳务合作——机遇、挑战及启示［J］. 劳动经济评论，2018（2）：181-196.

［56］ 张原，刘丽. 共建“一带一路”国家劳动力市场比较及启示［J］. 西部论坛，2017（6）：93-110.

［57］ 张原. 中国对“一带一路”援助及投资的减贫效应——“授人以鱼”还是“授人以渔”［J］. 财贸经济，2018（12）：111-125.

［58］ 张原. 中国与共建“一带一路”国家双向投资的就业效应研究［J］. 西部论坛，2018（3）：42-57.

［59］ 赵涵. 宁吉喆：“一带一路”项目带来有效投资，而非所谓债务陷阱［J］. 中国战略新兴产业，2018（37）：20-23.

[60] 郑丽楠，梁双陆，刘林龙.中国与六大经济走廊共建“一带一路”国家的贸易联系问题研究［J］. 当代经济管理，2019（3）：45-52.
[61] 中国出口信用保险公司资信评估中心.国别投资经营便利化状况报告（2015）［R/OL］.［2024-05-16］. https：//www.sinosure.com.cn/images/khfw/wytb/tzhzcj/2018/04/16/1611135253E7A9BB9E69F1C2AD375B22F4641416.pdf.
[62] 中国出口信用保险公司资信评估中心.国别投资经营便利化状况报告（2016）［R/OL］.［2024-05-16］. https：//www.sinosure.com.cn/xwzx/xwgj/images/20170119/34148.pdf.
[63] 中国出口信用保险公司资信评估中心.国别投资经营便利化状况报告（2017）［R/OL］.［2024-05-16］. https：//www.sinosure.com.cn/images/khfw/wytb/tzhzcj/2018/06/28/28111205B407CC4498AF87E9751B80B2A5DD-FB6B.pdf.
[64] 中国商务部国际贸易经济合作研究院，中国国务院国有资产监督管理委员会研究中心，联合国开发计划署驻华代表处.2017中国企业海外可持续发展报告——助力“一带一路”地区实现2030年可持续发展议程［R/OL］.［2024-05-16］. CH-2017-report-on-sustainable-development-CH-Enterprises-Overseas.pdf.
[65] 中华人民共和国商务部、国家统计局和国家外汇管理局联合发布的2003—2017年各年度《中国对外直接投资统计公报》。
[66] 中华人民共和国商务部，中国对外承包工程商会.中国对外承包工程发展报告2017—2018年［R/OL］.［2024-05-16］. http：//fec.mofcom.gov.cn/article/tzhzcj/tzhz/upload/dwcbgc2017-2018.pdf.
[67] 中华人民共和国商务部发布的2013—2018年各年度《中国对外投资合作发展报告》。
[68] 新华社.中央宣传部授予河钢集团塞尔维亚公司管理团队“时代楷模”称号［N］. 人民日报，2019-04-26（03）.

[69] 佚名.《中央企业海外社会责任蓝皮书（2018）》主要发现［EB/OL］.［2024-05-16］. http：//www.sohu.com/a/285543260_100012596.
[70] 张光政.中企收购斯梅代雷沃钢厂后，着力稳就业、强管理、增效益——塞尔维亚百年老厂重现活力［EB/OL］.［2024-05-16］. http：//world.people.com.cn/n1/2018/0816/c1002-30231201.html.
[71] 朱峰，李放滔.关于新疆面向中亚劳务输出问题的研究［J］. 人力资源管理，2013（12）：331-333.
[72] 朱美玲，何玺，李放滔.新疆向哈萨克斯坦劳务输出模式研究［J］. 新疆农垦经济，2012（7）：52-54；68.
[73] 朱中华，潘咏春，王平.对外劳务输出与劳务派遣的法律适用［J］. 国际经济合作，2010（3）：82-86.
[74] 宗慧隽，王明益.中国与共建“一带一路”国家的贸易潜力和贸易效率——基于夜间灯光数据的实证考察［J］. 中南财经政法大学学报，2018（6）：125-133.

附录

附表1　　共建“一带一路”国家有效和禁止解雇的理由

国家	向员工提供理由的义务	有效依据（合理解雇）	禁止理由
蒙古国（2017）	无	工人的举止，工人的能力，经济原因	怀孕，家庭责任，种族，性别，宗教，政治见解，社会出身，国籍，工会会员资格和活动
菲律宾（2019）	是	工人的举止，经济原因，工人的能力	婚姻状况，怀孕，产假，向雇主投诉，年龄，工会会员和活动，残疾，艾滋病状况
泰国（2019）	无	无，但如果法律没有规定正当理由，则雇员有权获得遣散费、代通知金或不正当解雇的补偿	怀孕，向雇主投诉，工会会员资格和活动
新加坡（2019）	无	无	怀孕，产假，年龄，工会会员资格和活动
马来西亚（2018）	无	无	怀孕，产假，工会会员资格和活动
印度尼西亚（2019）	是	工人的举止，经济原因，工人的能力	婚姻状况，怀孕，产假，临时工受伤或患病，种族，肤色，性别，宗教，政治见解，工会会员和活动，残疾，举报，合法休假，履行国家职责，其他

国家	向员工提供理由的义务	有效依据（合理解雇）	禁止理由
哈萨克斯坦（2019）	是	工人的举止，工人的能力，经济原因	怀孕，产假，家庭责任，临时工受伤或患病，种族，性别，宗教，政治见解，社会出身，国籍，年龄，工会会员和活动，残疾，语言，财产，性别认同，居住地
塔吉克斯坦（2019）	是	工人的举止，经济原因，工人的能力	怀孕，种族，肤色，性别，宗教，政治见解，社会出身，年龄，居住地
吉尔吉斯斯坦（2019）	是	工人的举止，工人的能力，经济原因	种族，性别，宗教，政治见解，社会出身，国籍，年龄，工会会员和活动，财务状况，语言，财产，居住地，民族血统
土库曼斯坦（2019）	是	工人的举止，工人的能力，经济原因	怀孕，种族，性别，宗教，政治见解，社会出身，国籍，残疾，语言，财产，居住地
乌兹别克斯坦（2019）	是	工人的举止，工人的能力，经济原因	种族，性别，宗教，社会出身，国籍，年龄，工会会员和活动，语言，财产，定罪或不公开定罪

续表

国家	向员工提供理由的义务	有效依据（合理解雇）	禁止理由
印度（2019）	是	工人的行为，经济原因	怀孕，产假，工会会员资格和活动
阿富汗（2019）	是	经济原因，工人行为，工人能力	产假
孟加拉国（2019）	无	无	工会会员资格和活动
斯里兰卡（2019）	无	无	怀孕，产假，向雇主投诉，种族，性别，宗教，社会出身，工会会员和活动，语言，出生地
沙特阿拉伯（2017）	是	任何合理理由	产假
土耳其（2019）	是	任何合理理由	婚姻状况，怀孕，产假，向雇主投诉，暂时的工伤或疾病，种族，肤色，性别，宗教，政治见解，工会会员和活动，语言，出生地
伊朗（2010）	是	工人的举止，经济原因，工人的能力	种族，肤色，性别，语言
约旦（2019）	无	无	怀孕，产假，向雇主投诉，种族，宗教，工会会员资格和活动，执行军事或公务员制度，语言，合法休假

续表

国家	向员工提供理由的义务	有效依据（合理解雇）	禁止理由
也门（2013）	无	经济原因，工人行为，工人能力	产假，向雇主投诉，暂时的工伤或疾病，种族，肤色，性别，宗教信仰，年龄，工会会员和活动，语言，参加合法罢工，合法休假
阿拉伯联合酋长国（2013）	无	任何合理理由	对雇主提出申诉
塞浦路斯（2019年）	无	经济原因，工人行为，工人能力	婚姻状况，怀孕，产假，向雇主投诉，种族，肤色，性别，宗教，政治见解，社会出身，国籍，工会会员和活动，残疾，育儿假，参加合法罢工
阿塞拜疆（2019）	是	工人的举止，工人的能力，经济原因	怀孕，产假，家庭责任，种族，性别，宗教，政治见解，社会出身，国籍，年龄，工会会员和活动，育儿假，健康状况
亚美尼亚（2019）	是	工人的举止，工人的能力，经济原因	婚姻状况，怀孕，产假，家庭责任，向雇主投诉，暂时的工伤或疾病，种族，性别，宗教，政治见解，社会出身，国籍，年龄，工会会员和活动，语言，参加合法罢工，合法休假

续表

国家	向员工提供理由的义务	有效依据（合理解雇）	禁止理由
俄罗斯（2019）	是	经济原因，工人行为，工人能力	婚姻状况，怀孕，种族，肤色，性别，宗教，政治见解，社会出身，国籍，年龄，工会会员和活动，财务状况，语言
乌克兰（2019）	是	工人的举止，工人的能力，经济原因	怀孕，种族，性别，宗教，政治见解，社会出身，国籍，工会会员和活动，财务状况，语言，居住地
波兰（2019）	是	经济原因，工人行为，工人能力	怀孕，产假，家庭责任，暂时的工伤或疾病，种族，性别，宗教，政治见解，国籍，年龄，工会会员和活动，残疾
爱沙尼亚（2017）	是	工人的举止，工人的能力，经济原因	怀孕，产假，家庭责任，种族，肤色，性别，宗教信仰，国籍，年龄，工会会员和活动，残疾，从事军事或公务员制度，健康状况，民族血统

续表

国家	向员工提供理由的义务	有效依据（合理解雇）	禁止理由
斯洛文尼亚（2019）	是	工人的举止，工人的能力，经济原因	婚姻状况，怀孕，产假，家庭责任，向雇主投诉，暂时的工伤或疾病，种族，肤色，性别，宗教，政治见解，社会出身，国籍，年龄，工会会员和活动，残障，财务状况，育儿假，参加合法罢工，健康状况
捷克（2019）	是	工人的举止，工人的能力，经济原因	婚姻状况，怀孕，产假，家庭责任，向雇主投诉，暂时的工伤或疾病，种族，肤色，性别，宗教，政治见解，社会出身，国籍，年龄，工会会员和活动，残障，执行军事或公务员，语言，财产，出生地，健康状况
斯洛伐克（2019）	是	工人的举止，工人的能力，经济原因	婚姻状况，怀孕，产假，家庭责任，暂时的工伤或疾病，种族，肤色，性别，宗教，政治见解，社会出身，国籍，年龄，工会会员和活动，残疾，语言，财产，健康状况，履行国家职责，遗传信息

续表

国家	向员工提供理由的义务	有效依据（合理解雇）	禁止理由
匈牙利（2019）	是	工人的举止，经济原因，工人的能力	婚姻状况，怀孕，产假，种族，肤色，性别，宗教，政治见解，社会出身，国籍，年龄，工会会员和活动，残疾，财务状况，从事军事或民事活动服务，语言，育儿假，健康状况
塞尔维亚（2019）	是	工人的举止，工人的能力，经济原因	婚姻状况，怀孕，产假，家庭责任，向雇主投诉，暂时的工伤或疾病，种族，肤色，性别，宗教，政治见解，社会出身，国籍，年龄，工会会员和活动，残障，财务状况，服役或公务员，语言，育儿假，健康状况
希腊（2019）	无	无	婚姻状况，怀孕，向雇主投诉，种族，肤色，性别，宗教，社会出身，年龄，工会会员和活动，残疾，从事军事或公务员制度

续表

国家	向员工提供理由的义务	有效依据（合理解雇）	禁止理由
保加利亚（2019）	是	工人的举止，工人的能力，经济原因	婚姻状况，家庭责任，种族，肤色，性别，性取向，宗教，政治见解，社会出身，国籍，年龄，工会会员和活动，残疾
黑山（2020）	是	工人的能力，工人的行为，经济原因	婚姻状况，怀孕，产假，家庭责任，向雇主投诉，暂时的工伤或疾病，种族，肤色，性别，性取向，宗教，政治见解，社会出身，国籍，年龄，工会会员和活动，残疾，财务状况，语言，育儿假，吹口哨，出生，健康状况，民族血统
罗马尼亚（2019）	是	员工的能力，经济原因，员工的行为	婚姻状况，怀孕，产假，家庭责任，暂时的工伤或疾病，种族，肤色，性别，性取向，宗教，政治见解，社会出身，国籍，年龄，工会会员和活动，服兵役或公务员，育儿假，参加合法罢工，遗传信息

资料来源：根据国际劳工组织EPlex数据库整理。

附表2　　共建“一带一路”国家核心国际劳工组织公约批约情况（工作时间）

国别（地区）	C001——1919年（工业）工作时间公约	C014——1921年每周（工业）休息公约	C106——1957年（商业和办公室）每周休息公约
蒙古国	未批约	未批约	未批约
越南	未批约	批约	未批约
菲律宾	未批约	未批约	未批约
老挝	未批约	未批约	未批约
泰国	未批约	批约	未批约
缅甸	批约	批约	未批约
柬埔寨	未批约	未批约	未批约
文莱	未批约	未批约	未批约
新加坡	未批约	未批约	未批约
马来西亚	未批约	未批约	未批约
印度尼西亚	未批约	未批约	批约
哈萨克斯坦	未批约	未批约	未批约
塔吉克斯坦	未批约	批约	批约
吉尔吉斯斯坦	未批约	批约	未批约
土库曼斯坦	未批约	批约	批约
乌兹别克斯坦	未批约	未批约	未批约
尼泊尔	批约	批约	未批约
不丹	未批约	未批约	未批约
印度	批约	批约	未批约

国别（地区）	C001——1919年（工业）工作时间公约	C014——1921年每周（工业）休息公约	C106——1957年（商业和办公室）每周休息公约
巴基斯坦	批约	批约	批约
阿富汗	未批约	批约	批约
孟加拉国	批约	批约	批约
斯里兰卡	未批约	未批约	批约
马尔代夫	未批约	未批约	未批约
沙特阿拉伯	批约	批约	批约
科威特	批约	未批约	批约
土耳其	未批约	批约	未批约
伊朗	未批约	批约	批约
伊拉克	批约	批约	批约
叙利亚	批约	批约	批约
约旦	未批约	未批约	批约
黎巴嫩	批约	批约	批约
以色列	批约	批约	批约
巴勒斯坦	未批约	未批约	未批约
也门	未批约	批约	未批约
阿曼	未批约	未批约	未批约
阿拉伯联合酋长国	批约	未批约	未批约
卡塔尔	未批约	未批约	未批约
巴林	未批约	批约	未批约

续表

国别（地区）	C001——1919年（工业）工作时间公约	C014——1921年每周（工业）休息公约	C106——1957年（商业和办公室）每周休息公约
塞浦路斯	未批约	未批约	批约
阿塞拜疆	未批约	批约	批约
格鲁吉亚	未批约	未批约	未批约
亚美尼亚	未批约	批约	未批约
埃及的西奈半岛	批约	批约	批约
俄罗斯	未批约	批约	批约
白俄罗斯	未批约	批约	批约
乌克兰	未批约	批约	批约
摩尔多瓦	未批约	未批约	未批约
波兰	未批约	批约	未批约
爱沙尼亚	未批约	未批约	未批约
斯洛文尼亚	未批约	批约	批约
拉脱维亚	未批约	批约	批约
捷克	批约	批约	未批约
立陶宛	批约	批约	未批约
斯洛伐克	批约	批约	未批约
匈牙利	未批约	批约	未批约
塞尔维亚	未批约	批约	批约
克罗地亚	未批约	未批约	未批约
阿尔巴尼亚	未批约	未批约	未批约

续表

国别（地区）	C001——1919年（工业）工作时间公约	C014——1921年每周（工业）休息公约	C106——1957年（商业和办公室）每周休息公约
希腊	批约	批约	批约
波黑	未批约	批约	未批约
保加利亚	批约	批约	批约
黑山	未批约	批约	批约
罗马尼亚	批约	批约	未批约
马其顿	未批约	批约	批约

资料来源：根据国际劳工组织NORMLEX数据库整理。

附表3　**共建“一带一路”国家结社自由和集体谈判的部分法律要求**

国别	建立工会所需的成员人数（企业层面）	集体谈判的范围
克罗地亚		集体协议应规范协议当事人的权利和义务，还可能包含关于终止雇佣、社会保障问题以及与就业或有关其他问题的法律规则
约旦	至少50人	立法中未发现任何规定
孟加拉国	不少于企业集团职工总人数的30%	就业、非就业、就业期限或工作条件有关事项
柬埔寨	立法中未发现任何规定	立法中未发现任何规定

续表

国别	建立工会所需的成员人数（企业层面）	集体谈判的范围
中国	企业、事业单位和政府部门有25人以上会员的，应当设立基层工会委员会；会员人数不足25人的，可以单独设立基层工会委员会，也可以由两个以上工作单位的会员共同设立基层工会委员会，或者选举组织人员，组织会员开展各项活动	工资、工作时间、休息时间和节假日、劳动安全与健康、职业培训、保险和福利等问题
印度	不少于总人数的10%，或100名工人，以较低者为准，但须至少7人	立法中未发现任何规定
印度尼西亚	至少10人	至少应包含：a.雇主的权利和义务；b.工会和工人的权利和义务；c.集体工作协议生效的期间和开始日期
缅甸	至少30人，不足30人的可以与其他同业联合举办。在这样的形式中，建议的人数应不少于有关同业全部工人的10%	就业条件、劳资关系以及预防和解决争端的措施

续表

国别	建立工会所需的成员人数（企业层面）	集体谈判的范围
菲律宾	不少于寻求议价单位所有雇员的20%	
斯里兰卡	至少7人	就业条款和条件，雇主或任何工人或工会的特权、权利或义务，确定任何劳资纠纷的解决方式
越南	至少5人	a.工资、奖金、津贴和工资增长；b.工作时间和休息时间，加班，轮班间休息；c.劳动者就业保障；d.职业安全与健康，执行内部工作条例；e.双方关切的其他问题
阿尔巴尼亚	至少20人	虽然对集体谈判的范围没有具体规定，但集体劳动合同的定义中隐含着关于雇用条件、订立合同、个人雇用合同的内容和终止、职业培训以及缔约各方之间的关系的规定

续表

国别	建立工会所需的成员人数（企业层面）	集体谈判的范围
波黑（波斯尼亚和黑塞哥维那）	立法中未发现任何规定	缔约各方的权利和义务，以及雇佣关系产生的权利和义务。关于集体谈判程序的规则、终止集体协议的程序，包括理由和时限、负责和平解决集体争端的机关的组成和运作
保加利亚		劳动和社会保障事项。
匈牙利	至少10人	a.因雇佣关系而产生的或与之有关的权利和义务；b.缔约各方关于集体协定的缔结、执行和终止以及关于行使其权利和履行其义务的行为
摩尔多瓦	至少3人	集体谈判参与者可自由选择根据集体劳动合同和集体协议构成的问题。可能涵盖的建议问题包括：a.工资；b.工作条件和安全；c.工作和休息制度；d.发展社会伙伴关系；e.由双方决定的其他事项

续表

国别	建立工会所需的成员人数（企业层面）	集体谈判的范围
黑山	立法中未发现任何规定	一般集体协议规定了界定工资、工资补偿和其他收入的基本要素，以及雇佣关系产生的权利和义务的范围。企业一级的集体协议规定了最低工资、确定基本工资的方法、工资补偿和其他收入的要素，并规定了因雇佣关系而产生的雇员更广泛的权利、义务和责任
北马其顿	立法中未发现任何规定	立法中未发现任何规定
波兰	至少10人	劳工立法没有列出集体谈判要涵盖的主题事项清单。《波兰劳动法》第240条规定，某些事项必须列入集体协议：a.协议不得侵犯第三人的权利；b.协议各方的相互义务，包括协议的适用和遵守协议的规定
罗马尼亚	至少15人	集体协议涵盖工作条件、报酬以及因雇佣关系产生的其他权利和义务

续表

国别	建立工会所需的成员人数（企业层面）	集体谈判的范围
塞尔维亚		劳工法没有列出谈判事项清单，但是，集体协议的定义提供了以下指导：根据法律和其他条例，集体协议规定了就业所产生的权利、义务和责任、集体协议修正案的过程、集体协议各方之间的相互关系以及对雇员和雇主重要的其他问题
斯洛伐克	至少3人（其中至少1人必须超过18岁）	工会组织应与雇主缔结集体协议，其中应规范工作条件，包括工资条件和雇用条件、雇主与雇员之间的关系、雇主或其组织与一个或多个雇员组织之间的关系
乌克兰	立法中未发现任何规定。	规定了在集体谈判的每一级可以谈判的内容：企业级别，由双方在其职权范围内确定，集体协议必须规定各方的相互义务，规范生产、劳动、社会和经济关系

资料来源：根据国际劳工组织IRLEX数据库整理。

附表4 **共建“一带一路”国家核心国际劳工组织公约批约情况（机会、待遇均等）**

国家	C100——1951年同工同酬公约	C111——1958年消除就业和职业歧视公约
蒙古国	批约	批约
越南	批约	批约
菲律宾	批约	批约
老挝	批约	批约
泰国	批约	批约
缅甸	未批约	未批约
柬埔寨	批约	批约
文莱	未批约	未批约
新加坡	批约	未批约
马来西亚	未批约	未批约
印度尼西亚	批约	批约
哈萨克斯坦	批约	批约
塔吉克斯坦	批约	批约
吉尔吉斯斯坦	批约	批约
土库曼斯坦	批约	批约
乌兹别克斯坦	批约	批约
尼泊尔	批约	批约
不丹	未批约	未批约
印度	批约	批约
巴基斯坦	批约	批约

续表

国家	C100——1951年同工同酬公约	C111——1958年消除就业和职业歧视公约
阿富汗	批约	批约
孟加拉国	批约	批约
斯里兰卡	批约	批约
马尔代夫	批约	批约
沙特阿拉伯	批约	批约
科威特	未批约	批约
土耳其	批约	批约
伊朗	批约	批约
伊拉克	批约	批约
叙利亚	批约	批约
约旦	批约	批约
黎巴嫩	批约	批约
以色列	批约	批约
巴勒斯坦	未批约	未批约
也门	批约	批约
阿曼	未批约	未批约
阿拉伯联合酋长国	批约	批约
卡塔尔	未批约	批约
巴林	未批约	批约
塞浦路斯	批约	批约
阿塞拜疆	批约	批约
格鲁吉亚	未批约	未批约

续表

国家	C100——1951年同工同酬公约	C111——1958年消除就业和职业歧视公约
亚美尼亚	批约	批约
埃及	批约	批约
俄罗斯	批约	批约
白俄罗斯	批约	批约
乌克兰	批约	批约
摩尔多瓦	批约	批约
波兰	批约	批约
爱沙尼亚	批约	批约
斯洛文尼亚	批约	批约
拉脱维亚	批约	批约
捷克	批约	批约
立陶宛	批约	批约
斯洛伐克	批约	批约
匈牙利	批约	批约
塞尔维亚	批约	批约
克罗地亚	批约	批约
阿尔巴尼亚	批约	批约
希腊	批约	批约
波黑	批约	批约
保加利亚	批约	批约
黑山	批约	批约
罗马尼亚	批约	批约
马其顿	批约	批约

资料来源：根据国际劳工组织NORMLEX数据库整理。

附表5　　共建“一带一路”国家整体国际劳工标准水平

国家（地区）	结社自由、集体谈判和劳资关系	强迫劳动	机会和待遇平等	消除童工和保护儿童及青年人	职业健康与安全	国家劳工标准水平
阿尔巴尼亚	2	2	2	2	2	10
阿尔及利亚	2	2	2	2	1	9
阿富汗	0	1	2	2	0	5
阿根廷	2	3	2	2	2	11
阿拉伯联合酋长国	0	2	2	2	0	6
阿曼	0	2	0	2	0	4
阿塞拜疆	2	2	2	2	0	8
埃及	2	2	2	2	0	8
埃塞俄比亚	2	2	2	2	1	9
爱沙尼亚	2	3	2	2	0	9
安哥拉	2	2	2	2	0	8
安提瓜和巴布达	2	3	2	2	2	11
奥地利	2	3	2	2	1	10
巴巴多斯	2	2	2	2	0	8
巴布亚新几内亚	2	2	2	2	0	8
巴基斯坦	2	2	2	2	0	8
巴勒斯坦						
巴林	0	2	1	2	1	6
巴拿马	2	3	2	2	0	9

续表

国家（地区）	结社自由、集体谈判和劳资关系	强迫劳动	机会和待遇平等	消除童工和保护儿童及青年人	职业健康与安全	国家劳工标准水平
白俄罗斯	2	2	2	2	1	9
保加利亚	2	2	2	2	0	8
北马其顿	2	2	2	2	2	10
贝宁	2	2	2	2	0	8
波黑	2	3	2	2	2	11
波兰	2	3	2	2	0	9
玻利维亚多民族国	2	2	2	2	0	8
博茨瓦纳	2	2	2	2	0	8
布基纳法索	2	2	2	2	1	9
布隆迪						
赤道几内亚	2	2	2	2	0	8
东帝汶	2	1	2	1	0	6
多哥	2	2	2	2	1	9
多米尼加	2	2	2	2	0	8
多米尼加共和国	2	2	2	2	1	9
俄罗斯联邦	2	3	2	2	2	11
厄瓜多尔	2	2	2	2	0	8
厄立特里亚	2	2	2	2	0	8
菲律宾	2	2	2	2	0	8

续表

国家（地区）	结社自由、集体谈判和劳资关系	强迫劳动	机会和待遇平等	消除童工和保护儿童及青年人	职业健康与安全	国家劳工标准水平
斐济	2	2	2	2	1	9
佛得角	2	2	2	2	1	9
冈比亚	2	2	2	2	0	8
刚果	2	2	2	2	0	8
刚果民主共和国	2	2	2	2	0	8
哥斯达黎加	2	3	2	2	0	9
格林纳达	2	2	2	2	1	9
格鲁吉亚	2	2	2	2	0	8
古巴	2	2	2	2	2	10
圭亚那	2	2	2	2	1	9
哈萨克斯坦	2	2	2	2	2	10
韩国						
黑山	2	2	2	2	2	10
基里巴斯	2	2	2	2	0	8
吉布提	2	3	2	2	0	9
吉尔吉斯斯坦	2	3	2	2	0	9
几内亚	2	2	2	2	1	9
几内亚比绍	1	2	2	2	0	7
加纳	2	2	2	2	0	8

续表

国家（地区）	结社自由、集体谈判和劳资关系	强迫劳动	机会和待遇平等	消除童工和保护儿童及青年人	职业健康与安全	国家劳工标准水平
加蓬	2	2	2	2	1	9
柬埔寨	2	2	2	2	0	8
捷克	2	3	2	2	2	11
津巴布韦	2	3	2	2	1	10
喀麦隆	2	2	2	2	1	9
卡塔尔	0	2	1	2	0	5
科摩罗	2	3	2	2	0	9
科特迪瓦	2	3	2	2	2	11
科威特	2	2	1	2	0	7
克罗地亚	2	2	2	2	1	9
肯尼亚	1	2	2	2	0	7
库克群岛	0	2	0	1	0	3
拉脱维亚	2	3	2	2	1	10
莱索托	2	3	2	2	1	10
老挝人民民主共和国	0	1	2	2	2	7
黎巴嫩	1	2	2	2	0	7
立陶宛	2	3	2	2	0	9
利比里亚	2	2	2	2	0	8
利比亚	2	2	2	2	0	8

续表

国家（地区）	结社自由、集体谈判和劳资关系	强迫劳动	机会和待遇平等	消除童工和保护儿童及青年人	职业健康与安全	国家劳工标准水平
卢森堡	2	3	2	2	2	11
卢旺达	2	2	2	2	2	10
罗马尼亚	2	2	2	2	0	8
马达加斯加	2	3	2	2	0	9
马尔代夫	2	2	2	2	0	8
马耳他	2	3	2	2	0	9
马拉维	2	3	2	2	2	11
马来西亚	1	3	1	2	1	8
马里	2	3	2	2	1	10
毛里求斯	2	2	2	2	2	10
蒙古国	2	2	2	2	1	9
孟加拉国	2	3	2	2	0	9
秘鲁	2	3	2	2	0	9
密克罗尼西亚联邦						
缅甸	1	1	0	2	0	4
摩尔多瓦共和国	2	2	2	2	2	10
摩洛哥	1	2	2	2	1	8
莫桑比克	2	3	2	2	0	9
纳米比亚	2	3	2	2	0	9

国家（地区）	结社自由、集体谈判和劳资关系	强迫劳动	机会和待遇平等	消除童工和保护儿童及青年人	职业健康与安全	国家劳工标准水平
南非	2	2	2	2	1	9
南苏丹	1	2	2	2	0	7
尼加拉瓜	2	2	2	2	0	8
尼泊尔	1	2	2	2	0	7
尼日尔	2	3	2	2	2	11
尼日利亚	2	2	2	2	2	10
纽埃						
葡萄牙	2	3	2	2	2	11
萨尔瓦多	2	2	2	2	1	9
萨摩亚	2	2	2	2	0	8
塞尔维亚	2	2	2	2	2	10
塞拉利昂	2	2	2	2	2	10
塞内加尔	2	2	2	2	2	10
塞浦路斯	2	3	2	2	2	11
塞舌尔	2	2	2	2	1	9
沙特阿拉伯	0	3	2	2	0	7
圣多美和普林西比	2	2	2	2	1	9
斯里兰卡	2	3	2	2	0	9
斯洛伐克	2	2	2	2	2	10

续表

国家（地区）	结社自由、集体谈判和劳资关系	强迫劳动	机会和待遇平等	消除童工和保护儿童及青年人	职业健康与安全	国家劳工标准水平
斯洛文尼亚	2	2	2	2	2	10
苏丹	2	3	2	2	0	9
苏里南	2	3	2	2	0	9
所罗门群岛	2	2	2	2	0	8
索马里	2	2	1	1	2	8
塔吉克斯坦	2	3	2	2	1	10
泰国	0	3	2	2	1	8
坦桑尼亚联合共和国	2	2	2	2	0	8
汤加	0	0	0	1	0	1
特立尼达和多巴哥	2	2	2	2	0	8
突尼斯	2	2	2	2	1	9
土耳其	2	2	2	2	2	10
土库曼斯坦	2	2	2	2	0	8
瓦努阿图	2	2	2	2	0	8
委内瑞拉玻利瓦尔共和国	2	2	2	2	1	9
文莱达鲁萨兰国	0	0	0	2	0	2
乌干达	2	2	2	2	0	8
乌克兰	2	2	2	2	1	9
乌拉圭	2	2	2	2	1	9

国家（地区）	结社自由、集体谈判和劳资关系	强迫劳动	机会和待遇平等	消除童工和保护儿童及青年人	职业健康与安全	国家劳工标准水平
乌兹别克斯坦	2	3	2	2	1	10
希腊	2	2	2	2	1	9
新加坡	1	2	1	2	2	8
新西兰	1	3	2	1	1	8
匈牙利	2	2	2	2	1	9
叙利亚						
牙买加	2	3	2	2	0	9
亚美尼亚	2	2	2	2	0	8
也门	2	2	2	2	0	8
伊拉克	2	2	2	2	1	9
伊朗伊斯兰共和国	0	2	2	1	0	5
意大利	2	2	2	2	0	8
印度尼西亚	2	2	2	2	1	9
越南	1	2	2	2	2	9
赞比亚	2	2	2	2	2	10
乍得	2	2	2	2	0	8
智利	2	3	2	2	1	10
中非共和国	2	2	2	2	1	9

资料来源：根据国际劳工组织NORMLEX数据库数据计算整理。

附表6　共建“一带一路”国家核心国际劳工组织公约批约情况（结社自由、集体谈判）

国家（地区）	C087——1948年结社自由与保护组织权利公约	C098——1949年组织权和集体谈判权公约	C154——1981年集体谈判公约	C135——1971年工人代表公约
蒙古国	批约	批约	未批约	批约
越南	未批约	批约	未批约	未批约
菲律宾	批约	批约	未批约	未批约
老挝	未批约	未批约	未批约	未批约
泰国	未批约	未批约	未批约	未批约
缅甸	批约	未批约	未批约	未批约
柬埔寨	批约	批约	未批约	未批约
文莱	未批约	未批约	未批约	未批约
新加坡	未批约	批约	未批约	未批约
马来西亚	未批约	未批约	未批约	未批约
印度尼西亚	批约	批约	未批约	未批约
哈萨克斯坦	批约	批约	未批约	批约
塔吉克斯坦	批约	批约	未批约	未批约
吉尔吉斯斯坦	批约	批约	批约	未批约
土库曼斯坦	批约	批约	批约	未批约
乌兹别克斯坦	批约	批约	批约	批约
尼泊尔	未批约	未批约	未批约	未批约
不丹	未批约	未批约	未批约	未批约
印度	未批约	未批约	未批约	未批约

国家（地区）	C087——1948年结社自由与保护组织权利公约	C098——1949年组织权和集体谈判权公约	C154——1981年集体谈判公约	C135——1971年工人代表公约
巴基斯坦	批约	批约	未批约	未批约
阿富汗	未批约	未批约	未批约	未批约
孟加拉国	批约	批约	未批约	未批约
斯里兰卡	批约	批约	未批约	批约
马尔代夫	批约	批约	未批约	未批约
沙特阿拉伯	未批约	未批约	未批约	未批约
科威特	批约	批约	未批约	未批约
土耳其	批约	批约	未批约	批约
伊朗	未批约	未批约	未批约	未批约
伊拉克	批约	批约	未批约	批约
叙利亚	批约	批约	未批约	批约
约旦	未批约	批约	未批约	批约
黎巴嫩	未批约	批约	未批约	未批约
以色列	批约	批约	未批约	未批约
巴勒斯坦	未批约	未批约	未批约	未批约
也门	批约	批约	未批约	批约
阿曼	未批约	未批约	未批约	未批约
阿拉伯联合酋长国	未批约	未批约	未批约	未批约
卡塔尔	未批约	未批约	未批约	未批约
巴林	未批约	未批约	未批约	未批约

续表

国家（地区）	C087——1948年结社自由与保护组织权利公约	C098——1949年组织权和集体谈判权公约	C154——1981年集体谈判公约	C135——1971年工人代表公约
塞浦路斯	批约	批约	批约	批约
阿塞拜疆	批约	批约	批约	批约
格鲁吉亚	未批约	未批约	未批约	未批约
亚美尼亚	批约	批约	批约	批约
埃及的西奈半岛	批约	批约	未批约	批约
俄罗斯	批约	批约	批约	批约
白俄罗斯	批约	批约	批约	未批约
乌克兰	批约	批约	批约	批约
摩尔多瓦	批约	批约	批约	批约
波兰	批约	批约	未批约	批约
爱沙尼亚	批约	批约	未批约	批约
斯洛文尼亚	批约	批约	批约	批约
拉脱维亚	批约	批约	批约	批约
捷克	批约	批约	批约	批约
立陶宛	批约	批约	批约	批约
斯洛伐克	批约	批约	批约	批约
匈牙利	批约	批约	批约	批约
塞尔维亚	批约	批约	未批约	批约
克罗地亚	批约	批约	批约	批约
阿尔巴尼亚	批约	批约	批约	批约

续表

国家（地区）	C087——1948年结社自由与保护组织权利公约	C098——1949年组织权和集体谈判权公约	C154——1981年集体谈判公约	C135——1971年工人代表公约
希腊	批约	批约	批约	批约
波黑	批约	批约	批约	批约
保加利亚	批约	批约	未批约	未批约
黑山	批约	批约	未批约	批约
罗马尼亚	批约	批约	批约	批约
马其顿	批约	批约	批约	批约

资料来源：根据国际劳工组织NORMLEX数据库整理。

索引